《清康熙连山县志》
点校工作领导小组

县旧志审查验收组

清康熙连山县志点校本

（清）刘允元 ◎ 纂修　　　刘正刚 ◎ 点校

连山壮族瑶族自治县史志办公室 ◎ 编

暨南大学出版社
JINAN UNIVERSITY PRESS

中国·广州

图书在版编目（CIP）数据

清康熙连山县志点校本 /（清）刘允元纂修 ；刘正刚点校 ；连山壮族瑶族自治县史志办公室编. -- 广州 ：暨南大学出版社，2025. 4. -- ISBN 978-7-5668-3994-7

Ⅰ. K296.54

中国国家版本馆 CIP 数据核字第 2024RW0248 号

清康熙连山县志点校本
QING KANGXI LIANSHAN XIANZHI DIANJIAO BEN

纂　　修：（清）刘允元
点　　校：刘正刚
编　　者：连山壮族瑶族自治县史志办公室

出 版 人：阳　翼
责任编辑：詹建林
责任校对：孙劭贤
责任印制：周一丹　郑玉婷

出版发行：暨南大学出版社（511434）
电　　话：总编室（8620）31105261
　　　　　营销部（8620）37331682　37331689
传　　真：（8620）31105289（办公室）　37331684（营销部）
网　　址：http：//www. jnupress. com
排　　版：广州市新晨文化发展有限公司
印　　刷：深圳市新联美术印刷有限公司
开　　本：787mm×1092mm　1/16
印　　张：14. 25
字　　数：250 千
版　　次：2025 年 4 月第 1 版
印　　次：2025 年 4 月第 1 次
定　　价：108. 00 元

2023 年 4 月 24 日，县旧志审查验收组成员与暨南大学刘正刚教授点校专家团队座谈

2023 年 8 月 4 日，县史志办公室全体人员及县旧志审查验收组成员合影，左起：李蔼玲、莫华、陈承奇、植成业、谭学义、李凯、杨多彩

　　2024 年 4 月 28 日，县史志办公室全体人员合影，左起：莫华、杨多彩、聂惠丽、植成业、李凯

　　2024 年 6 月 19 日，县史志办公室全体人员合影，左起：莫华、温建文、聂惠丽、植成业、李凯

連山縣志卷一

知縣燕山劉允元重修

地輿志

建置

連山本禹貢荊州之域春秋屬楚漢屬桂陽郡梁
武帝分西北界鐘山下置廣德縣屬陽山郡隋開
皇十年改為廣澤縣仁壽元年避煬帝諱改連山
縣屬熙平郡唐天寶元年改連山郡乾元元年復
為連山縣屬連州元至元間因之元季藍山縣人

廂鄉

連山舊二鄉曰永福曰諸鶯其安福武昌上吉大
富宜善各鄉皆嘉靖以來漸開
嘉靖十一年開永福二鄉
二十一年開永福三鄉
四十年開安福二鄉
隆慶六年開大富鄉　上吉鄉
萬曆十年開宜善鄉
天啟二年開永善鄉　篠猺里

清康熙三十二年《连山县志》刻印本书影

序

地方志是中华民族特有的文化瑰宝，已有两千多年的发展历史。地方志具有"资治、教化、存史"的作用，是地方历史的重要文献，是一个地区的史书，素有"地方百科全书"的美誉。历朝历代都很重视方志的编修，连山现保存清康熙三十二年（1693 年）《连山县志》、光绪三年（1877 年）《连山绥瑶厅志》，以及民国十七年（1928 年）《广东连山县志》影印本各一本。

中华人民共和国成立以来，党和国家非常重视编修新志、整理旧志的工作。习近平总书记多次在讲话中指出，要高度重视修史修志，让文物说话、把历史智慧告诉人们，激发我们的民族自豪感和自信心，坚定全体人民振兴中华、实现中国梦的信心和决心。2020 年 9 月 28 日，习近平总书记在主持中共十九届中央政治局第二十三次集体学习时指出："中国有坚定的道路自信、理论自信、制度自信，其本质是建立在 5000 多年文明传承基础上的文化自信。"① 2021 年 3 月 22 日，习近平总书记在福建武夷山朱熹园考察时指出："我们要特别重视挖掘中华五千年文明中的精华，把弘扬优秀传统文化同马克思主义立场观点方法结合起来，坚定不移走中国特色社会主义道路。"②

2006 年 5 月 18 日，国务院公布的《地方志工作条例》（国务院令第 467 号）第五条，以及 2018 年 5 月 31 日广东省第十三届人民代表大会常务委员会第三次会议通过的《广东省地方志工作条例》（广东省第十三届人民代表大会常务委员会公告第 6 号）第五条，分别规定了县级以上人民政

---

① 《习近平谈治国理政》（第四卷），外文出版社，2022 年，第 312 页。
② 《习近平谈治国理政》（第四卷），外文出版社，2022 年，第 315 页。

府地方志工作机构有"组织整理旧志"的工作职责。

盛世修志，以启未来。改革开放以来，连山在经济、社会、文化等方面都取得了有目共睹的成就。地方志工作也做出了"功在当代、利在千秋"的业绩，1997年《连山壮族瑶族自治县志》出版，这是中华人民共和国成立后连山编修出版的第一部县志。此后，地方志事业蓬勃发展，先后编修出版了《连山壮族瑶族自治县志（1979—2005年）》《连山壮族瑶族自治县人民代表大会志（1950—2011）》《连山壮族瑶族自治县政协志》等志书，以及《卫生志》《社会保险志》《科技教育志》等一批专业志，还编修出版《连山民间故事集》《连山民歌集》《全粤村情·清远市连山壮族瑶族自治县卷》《连山历史文化知识读本》《连山节庆》《连山古驿道》《连山地情知识简读》《小康连山》以及家（族）谱等地情书一批。从2012年开始编修连山综合年鉴，坚持一年一鉴，当年公开出版。2022—2023年，整理出版了《民国广东连山县志点校本》，这是连山点校出版的第一本旧县志。这些方志书籍，为弘扬中华民族的根和魂，为社会各界人士熟悉连山、了解连山提供了翔实的资料。

历史上的连山，在传播、继承和发展岭南经济、文化、艺术等，尤其是壮族瑶族各个方面，都有重要的贡献。清康熙三十二年（1693年）《连山县志》，记事从南朝梁天监五年（506年）到清康熙三十二年（1693年），前后跨越1188年，广泛记载了连山历代自然、经济、军事、民生、文化等社会基本状况。尽管有一定的时代局限性和封建统治压迫性，但毕竟给我们留下了一些较为客观的地情历史记载。

进行旧县志点校工作，推动中华优秀传统文化创造性转化和创新性发展，让古籍里的文字"活"起来，以时代精神激活中华优秀传统文化的生命力，努力用中华民族创造的一切精神财富来以文铸魂、以文化人、以文惠民、以文兴业。诸君牢记使命担当，再接再厉，齐心协力，一鼓作气，耗时一年半，使《清康熙连山县志点校本》得以付梓。在此，谨向参与整理点校出版工作的专家学者和有关工作人员表示衷心的感谢与祝贺！

文化自信，是更基础、更广泛、更浓厚的自信，是更基本、更深沉、更持久的力量。2022 年 10 月 16 日，习近平总书记在中国共产党第二十次全国代表大会上作的报告中指出，"全面建设社会主义现代化国家，必须坚持中国特色社会主义文化发展道路，增强文化自信，围绕举旗帜、聚民心、育新人、兴文化、展形象建设社会主义文化强国，发展面向现代化、面向世界、面向未来的，民族的科学的大众的社会主义文化，激发全民族文化创新创造活力，增强实现中华民族伟大复兴的精神力量"①。我们要在旧县志整理点校工作取得成果的基础上，坚持守正不守旧、尊古不复古的进取精神，推动中华优秀传统文化创造性转化、创新性发展。

谨以为序。

点校工作领导小组

2025 年 4 月

---

① 《习近平著作选读》（第一卷），人民出版社，2023 年，第 35 页。

前　言

连山之名，得于名讳。南朝梁天监五年（506年），在境内钟山下（今古县坪村）置广德县。隋开皇十年（590年），改称广泽县；仁寿元年（601年），避太子杨广名讳，始改称连山县。唐天宝元年（742年），升为连山郡；乾元元年（758年），复县。南宋绍兴六年（1136年），废县改镇；十八年（1148年），复县，移治程山（今永丰司城村），改称程山县。元初，连州州治移至连山；至元十五年（1278年），又移治钟山，复称连山县。明洪武四年（1371年），并入阳山县；十三年（1380年），又复设连山县；永乐元年（1403年），再度移治程山；天顺六年（1462年），移治象山小水坪（今太保旧城村）。清嘉庆二十二年（1817年），升为广东省连山绥瑶直隶厅。1912年，复县。1946年，分设连山县、连南县，连山县移治永和。1953年1月，与连南县合并成立连南瑶族自治区（县级）。1954年1月，恢复连山县建制。1958年12月下旬，与连县、连南、阳山合并成立连阳各族自治县。1960年10月，恢复阳山县后，连阳各族自治县改称连州各族自治县。1961年10月，撤销连州各族自治县，恢复连县、连山县、连南瑶族自治县。1962年9月，成立连山壮族瑶族自治县。1967年，移治吉田。至今，连山置县已有1520年，连山得名已有1425年。

连山山连山。清康熙三十二年（1693年）《连山县志》记载："万山矗垒，曲涧盘旋，不曰形势，而曰形胜者，以其形而胜也。推此形胜之说，愈知非漫然无谓矣。连之山川风土，固自有异，揽其大概，见其诸峰罗列，叠翠飞青，两水环回，奔涛激浪，不失连山之形胜焉。"这就是"九山半水半分田"的连山自然环境。一方水土养一方人，绿水青山的生态环境孕育、传承和发展了世世代代自强不息的壮乡瑶寨人文精神。

连山方志的编修，始于明弘治元年（1488 年），时任连山县令辛贵以孝宗新政宏敷，修成第一本《连山志》。尔后王祚昌、鹿应瑞、曹振熺、郎廷俊、张化凤、萧象韶等六任县官，曾对县志进行过续修、增修、纂修，这些县志均为手抄本，终因条件所限而未能保存下来。清代是方志发展的鼎盛时期，康熙三十二年（1693 年），知县刘允元将《连山县志》刻印出版，成为现存最早的连山地方志。此后，李来章、郑天锦、姚柬之、何一鸾等县官也曾主持编修过地方志。道光十七年（1837 年）绥瑶厅同知姚柬之创修、光绪三年（1877 年）张权（后任厅同知）刻印《连山绥瑶厅志》。1928 年，县长凌锡华根据何一鸾主修的志稿进行增补校订并印刷出版《广东连山县志》。其中清康熙三十二年（1693 年）《连山县志》分地舆、风俗、赋役、祀典、秩官、科目、人物、艺文共八卷，约九万字，原文是繁体字，右起竖排，连篇续句，今人查阅极为不便。

历届连山县委、县政府高度重视史志事业的发展，先后编纂出版了连山地方党史、新县志，积极开展连山年鉴、部门志以及地情书的编纂出版工作。2021 年 3 月，连山县把"加强旧县志整理工作，分期分批整理"列入了县十一届人大六次会议审议批准的《连山壮族瑶族自治县国民经济和社会发展第十四个五年规划和 2035 年远景目标纲要》。2022 年 2 月，县人民政府确定组织有关专家、学者分期分批对旧志进行整理出版。

旧志为我们提供了宝贵的历史资料，但也有一定的缺陷，它不能全面系统地记载当时经济社会状况。清康熙三十二年（1693 年）《连山县志》"卷一　地舆志""卷六　科目志""卷七　人物志"等，对山川地理方位、里程表述不准确或有偏差，明、清时期早已立寨的连山南部宜善乡（今福堂、小三江、上帅等镇）村寨记载有缺漏，人才、人物甚至不记，或因南部离县治路途艰难险阻，给县官深入调查研究带来不便，或乡里没有具实上报而造成，或有重北轻南之嫌。该志中，如今福堂的村寨略记为"枫峒""良峒""小峒""梅峒"，小三江的村寨略记为"省峒""三江峒""上下石田"，上帅的村寨略记为"上帅"，等等，均无具体村名记载；人才，仅记姓名、科举、官职等，何许人士无从考查。"邑志所纪多征瑶事迹"，原文中蔑称连山为"化外之地"、壮瑶民为"山瑶野壮"，并有对壮瑶民进行残酷剿杀的记载，体现出封建统治社会的黑暗。

因此，我们组织力量对清康熙三十二年（1693 年）《连山县志》进行断句标点，改繁体竖排为简体横排；对原文中出现的一些纪年、地名、人物、典故等以及一些晦涩的语句，加以注解或予以考证，并建立电子版文档。在整理过程中，暨南大学刘正刚教授率专家团队付出了艰辛的劳动，连山学者又进行了细致、严谨的审验，出版单位也把好审校关，数易其稿，使《清康熙连山县志点校本》得以付梓。在此，向所有关心支持整理点校出版的各界人士再次表示衷心的感谢！

地方志，简称方志。方，地方，方域；志，记也；"永志不忘""日志"即取此意。方志，就是对一个地方历史的记载、记述。整理出版《清康熙连山县志点校本》，正是加强对地方典籍的保护和研究，弘扬历史文化，修志问道、以启未来，为建设民族团结进步的"绿美连山、幸福连山"提供历史借鉴。

连山壮族瑶族自治县史志办公室
2025 年 4 月

点校说明

一、本点校本以《广东历代方志集成·韶州府部》第 16 册收录的清康熙三十二年（1693 年）刻本《连山县志》影印本为底本。该书原件现收藏在中国国家图书馆。在点校过程中，参阅了清道光十七年（1837 年）《连山绥瑶厅志》和民国十七年（1928 年）《广东连山县志》，以及不同历史时期修纂的广东通志、韶州府志以及与连山毗邻的县志等志书。

二、整理点校本按现行标准的简体字和标点符号的要求与格式，对原书进行断句、标点，对原书段落文字较长者，则根据文意加以分段。对一些可以确定为书名的简称，如"旧志"则以"旧《志》"标点。

三、点校本充分尊重原书，但对原著中明显的异体字、俗体字，则径改为正体字，而人名、地名一般予以保留，部分出注。避讳字则根据通用写法恢复原字。通假字改为现代汉语用字。对原书中的"猺""獠""獞""僮""狼""猫"等字，依次径改为"瑶""僚""壮""壮""俍""苗"。对书中漫漶或缺字处，则据民国十七年（1928 年）铅印本《广东连山县志》或其他相关古籍进行核对补充，如难以校补者，则以□标示。

四、对原书中的错、漏、衍字，在点校中出注予以说明。对缺漏字、错字、衍字，依据通行的点校办法，以（）表示错衍字，以［］表示正确的字。

五、点校本对重要地名、人物以及晦涩难懂的字词、职官等，根据需要进行注释，力求做到知识准确、简明扼要。对原书缺漏的重要历史信息，在点校中以注释加以说明。

六、点校本中的传统历史纪年，一律在其后用括号标出通行的公元纪年，如洪武元年（1368 年），并对有错误的传统纪年进行修正，出注说明原因。

七、点校本充分尊重原书编者的意愿，但原书确实有错乱处，如版心仅标注"卷一"至"卷六"的字样，正文又有"卷之一"至"卷之十六"，且卷目后多无"某某志"的字样。现根据出版规范，对原书目录和正文做适当的调整，予以统一。所有调整处均出注说明。

八、点校本注释一律采用页下注，每页单独编排序号。拼音均按《汉语拼音正词法基本规则》拼写。

九、点校本中的古地名对应的今名及其区域等内容，由县史志办公室提供。

［清康熙三十二年］《连山县志》①

文林郎知连山县燕山刘允元重修

儒学教谕普宁陈树屏、训导平远林相同校

乡绅彭铠，贡生蒋嘉贤、罗象贤，邑庠邓廷球、黄上达、邓光衢、朱瑞凤编纂

---

① 本页内容原在卷首"地舆图"前，现为整理者调整至此。

目 录①

---

① "目录"在原书的所有"序"之后，现调整至此。又原书目录仅有八卷，但原书正文中则有卷九、卷十的内容，故现据正文添列卷九、卷十，且列出其中的具体篇名。

———————————

① 原卷首目录作"徭役",现据正文改。
② 原卷首目录作"庙",现据正文改。
③ 原卷首目录作"儒师",现据正文改。
④ 原卷首目录作"巡检",现据正文改。
⑤ 原卷首目录缺,现据正文补。
⑥ 原卷首目录缺,现据正文补。
⑦ 原卷首目录作"诰敕",现据正文改。

---

　　① 原卷首目录作"碑铭/记序",现据正文改。

　　② 原卷首目录作"诗",现据正文改。

序

余承乏①连邑，今且五年矣。甫莅②之初，由里门历四千余里，疲极舟陆，才入鸡鸣关。见其数堞③城闉④低蟠⑤山足，寥寥蓬户人影，或移晷⑥乃见，其名曰县，实不及一大村落也。未几，索邑志窥之，俾于以鉴往揆今⑦，相其地而调剂焉。久乃得一小帙⑧，间抄录数十纸，杂（遝）［遝］⑨（曼）［漫］灭⑩，不足以供一哂，岂连本弹丸地，而疆索⑪井里、土俗风期、士女节义、人文菁华，遂任其断续湮没，不与传信后世乎？爰稽丁卯（康熙二十六年，1687 年）岁圣天子下诏，博采各省志书，上登秘苑⑫，而岭南迤山滨海，带砺⑬雄封，素甲寰内。连属在首郡，其志自不宜因陋就简，漫无加意。邑学博⑭、绅士⑮屡请修辑，奈以瑶氛肆虐，服威谕教，颇竭心力，未暇亲笔墨事。

今年春，归自会城⑯，慨然念连志不可阙略，而周览细绎与数年来之目击心瘝非不较，然长吏之胸因为补逸录新，芟芜订讹，聊有成书，且私

---

① 承乏：原指暂任某职的谦称。《左传·成公二年》云："敢告不敏，摄官承乏。"此处指任职。
② 甫莅：甫，fǔ，刚刚。莅，lì，到。指刚刚上任。
③ 堞：dié，本义为城墙上如齿状的矮墙。
④ 城闉：闉，yīn，古代城门外层的曲城即瓮城的门。城闉，泛指城郭。
⑤ 蟠：pán，屈曲，环绕，盘伏的样子。
⑥ 晷：guǐ，本义指日影。此处指古代用来观测日影以及定时刻的仪器。
⑦ 鉴往揆今：揆，kuí，估量，准则。借鉴过去作为当下管理的准则。
⑧ 帙：zhì，本义为用布帛制作的包书套子。
⑨ 杂遝：也作"杂沓"，指众多杂乱的样子。
⑩ 漫灭：磨灭，模糊不清。
⑪ 疆索：指官府管理的疆域。
⑫ 秘苑：指帝王的林园。此处指禁苑。
⑬ 带砺：衣带和砥石。此处比喻河山。
⑭ 学博：府县设立的向生员教授五经的学官。
⑮ 绅士：古代在地方上有财有势得过一官半职的人。
⑯ 会城：指省城。此处指广州。

谓鉴往揆今，相地调剂，与有赖焉。颜延年①所谓："悲哉游宦，劳此山川。"余不敢谢不敏②矣。至其淑慝③褒讥④，则实未尝凭臆濡毫⑤，贻诮⑥大雅⑦，尚俟后之君子振藻扬芳⑧，成一邑良乘⑨哉。是为序。

时皇清康熙三十二年（1693 年）岁次癸酉⑩孟夏⑪上浣⑫文林郎⑬知连山县事燕山⑭刘允元⑮撰。

---

① 颜延年：即南朝宋文学家颜延之，字延年。其代表作《秋胡行》中有"悲哉游宦子，劳此山川路"诗句。

② 谢不敏：婉言推辞。意思是因自己没有才智而辞谢。

③ 淑慝：shūtè，善恶，好坏。《旧唐书·懿宗纪》记载："凡合诛锄，审分淑慝，无令胁从横死，元恶偷生。"

④ 褒讥：赞扬或批评。

⑤ 濡毫：rúháo，意为蘸笔书写或绘画。

⑥ 贻诮：yíqiào，指见笑。

⑦ 大雅：德高而有大才的人。泛指学识渊博的人。

⑧ 振藻扬芳：藻，文采；芳，华美。意为文章写得华丽多采。

⑨ 乘：shèng，春秋时晋国的史书叫"乘"。后泛指史书。

⑩ 岁次癸酉：用天干地支纪年。天干为甲、乙、丙、丁、戊、己、庚、辛、壬、癸；地支为子、丑、寅、卯、辰、巳、午、未、申、酉、戌、亥。两者按固定的顺序互相配合组成干支纪年法。

⑪ 孟夏：指初夏，即夏季第一个月。农历四月进入夏季，气温回暖，四月有孟夏、阴月、梅月的别称。夏季的四、五、六月三个月，分别对应称为孟夏、仲夏、季夏。

⑫ 上浣：指农历每月上旬的休息日或泛指上旬。

⑬ 文林郎：散官。清朝时为正七品文官所授的散官名。明清时知县均为正七品。

⑭ 燕山：今河北省境内的山脉。宋金以来曾先后设立大兴府、大兴县。

⑮ 刘允元：顺天大兴人，岁贡，清康熙二十八年（1689 年）任连山知县。

旧　序

　　盖自唐虞①夏商周之有天下以来，汉、唐、宋、元历代相继，营东邠西②之方，越南冀北之俗，中外虽异，蛮貊③不同，莫不皆有典（藉）[籍]④以载之。迄今我朝列圣⑤相承，统治寰宇⑥，故天下之大，四海之广，一郡一邑沿革，本末之由，山川人物之类，亦莫不皆有图志⑦以记之也。

　　且连山邑治屡沿屡革，复设复迁，历原所自，未免云多。殊不知因时制宜，随事应变，古今帝王保民图治之心，同一揆辙⑧。奈何本邑图志曾有修之而未成，抑或成之而遂废，寥廖无闻，非一朝夕矣。兹适圣天子嗣登大宝⑨之初，新政宏敷⑩之日，明良⑪相遇，信不偶然。

　　幸有钦命巡按⑫两广监察御史朱公执事，分忧食禄，同寅协恭⑬，意其图志，该为当务之急，举行修辑，甚盛心哉！窃惟文献可相有，不可相无。文献足，则事有可征；文献不足，则事无可验。坠者宜举，废者宜兴，然

---

　　①　唐虞：传说在夏朝之前，尧建立了唐，后尧禅位于舜，舜建立虞，尧、舜合称"唐虞"。
　　②　营东邠西：与"越南冀北"指代东西南北的四个方位的地名。营州在东（《尔雅·释地》"齐曰营州"），邠国（又作"豳国"，《诗经》有《豳风》）在西，冀州在北，越国在南。
　　③　蛮貊：古代称南方和北方落后部族。亦泛指四方落后部族。
　　④　典籍：泛指古代的图书。
　　⑤　列圣：指历代帝王。
　　⑥　寰宇：泛指整个宇宙。
　　⑦　图志：指附有地图的地志书。
　　⑧　揆辙：揆，kuí，尺度，准则。辙，zhé，车轮压的痕迹，指途径、门路。
　　⑨　大宝：此处指帝位。
　　⑩　宏敷：hóngfū，广布。
　　⑪　明良：指贤明的君主和忠良的臣子。
　　⑫　巡按：又称"巡按御史"。明代都察院专差御史之一。明初，朱元璋亲自挑选御史出巡地方，官七品，因是皇帝钦差，名曰"代天子巡狩"，在地方考察民情，监督官吏，大事奏裁，小事立断，事权甚重。事毕还京。
　　⑬　同寅协恭：同寅，指同具敬畏之心，后指在一处做官者。协恭：友好合作。形容互相尊敬，同心协力工作。

皆本始于千百年之前，末终于千百年之后，欲断而为能者未易，况后学乎？是以求诸遗稿，质诸耆旧①，无稽勿听、弗询、勿庸，取其正而舍去其邪，更于今而［不］泥于古，繁乱者删之，缺略者补之，专主朱子之意，私淑②诸家之长。考订其沿革本末之由，品录其山川人物之类，虽纲未尽举，而目未尽张，微未尽显，而幽未尽阐，草创成帙，庶便少览③，是亦治功之一助。然其事理无穷，识见有限，后之同志讨论修饰，又从而润色之，则皇明千万载无疆之丕基④休业，被于海隅苍生⑤者益彰矣哉！

［明］弘治元年（1488年）岁次戊申八月乙酉乡榜⑥进士⑦文林郎连山县知县⑧清浔⑨辛贵⑩书。

---

① 耆旧：年龄大又德高望重者。
② 私淑：指未能亲自受业但敬仰并承传其学术，尊之为师。
③ 庶便少览：以方便快速浏览。
④ 丕基：巨大的基业。
⑤ 海隅苍生：本指生长草木的地方，后借指老百姓。整句话的意思是国家的宏大基业福泽天下百姓。
⑥ 乡榜：科举乡试的录取名单，指乡试中试者即举人。
⑦ 进士：明清时期科举制度，举人赴京师参加由朝廷礼部主持的考试，考中者称进士。
⑧ 知县：古代官名，别称县令、县台、县太爷等。明清时期一县之最高官员，官阶正七品。
⑨ 清浔：指位于广西桂平的珠江西江段的浔江别称，历史上曾设有浔州府。
⑩ 辛贵，广西桂平人，举人，明成化二十一年（1485年）任连山知县。

旧　序

　　邑之有志，犹国之有史也。班马①诸君子成一家言，号为博雅矣，独让腐迁②者何居？说者谓十表、十二本纪、八书、三十世家稍近，笔削严法也。后子长③而起者，心怵于利害，则无史；意出于爱憎，又无史；好文字送归地下，恶文字送归林下，更无史；唐臣不敢书六月四日之事④，崔浩⑤刊列国恶于孔道之石，则愈无史。

　　邑之有志，虽一隅之风气，非虚心博采，公道辑编，则志之为志不？犹然范晔⑥诸辈之史乎？连邑值沧桑之余，百物凋残，简篇遗迹，再付秦火⑦，胥为乌有先生⑧。近奉各上台⑨檄查志书，盖古者，太史氏⑩观风意也。昌承命⑪购求，百方搜采，历两阅月，竟如孔壁蝌蚪⑫，无一人一家藏之者。及再四访求，始得刊本半，前署篆⑬南海丞陈公瑶修也。后得抄本

---

　　①　班马：汉代著名历史学家班固和司马迁的合称，班指班固，字孟坚；马指司马迁，字子长。司马迁著我国第一部纪传体通史《史记》，班固著断代史《汉书》，对我国史学产生了深远的影响。
　　②　腐迁：指司马迁曾受腐刑，后人因之称其为"腐迁"。十表、十二本纪、八书、三十世家，皆为司马迁《史记》中的体例及其数量。
　　③　子长：西汉史学家司马迁的字。
　　④　六月四日之事：指唐代玄武门之变中李世民杀死李建成、李元吉之事。
　　⑤　崔浩：南北朝时期北魏政治家。曾主持编纂国史，直书北魏统治者祖先屈辱史而被诛杀。
　　⑥　范晔：南朝刘宋时期的史学家，所著《后汉书》与《史记》《汉书》《三国志》并称"前四史"。
　　⑦　秦火：秦始皇焚书坑儒之事的代称。
　　⑧　乌有先生：典出汉司马相如《子虚赋》中虚拟的人名。意为无有其人。
　　⑨　上台：比喻出掌政权或就任要职的人。
　　⑩　太史氏：指史官。唐韩愈《送杨少尹序》云："不知杨侯去时，城门外送者几人……而太史氏又能大张其事。"
　　⑪　承命：接受命令。
　　⑫　孔壁蝌蚪：西汉景帝时在孔子故宅墙壁发现用古代蝌蚪文写的《尚书》，比汉文帝时伏生所传、隶书书写的《今文尚书》多16篇，故称《古文尚书》。
　　⑬　署篆：署印。因官印皆刻篆文，故名。

一，不知何人所志。窃喜蠹余朽画，虽出自荒烟蔓草中，而山川、封域①、户口、贡赋②、坛壝③、庙著、风俗、人物，犹可从暗夜后获微炬而烛之也，幸矣。独当日陈公瑶修之，之后，值明末鼎沸，不无废坠遗失之虑。复询之故老，质以公论，附为《续志》。分见各条，以表扬我朝廓清之烈，幅员之广，真只古无两④哉！后之吏兹土者，按志而考焉，封疆若何而奠之，户口若何而实之，风俗若何而正之，人物若何而养之，营垒⑤若何而因革之，瑶壮若何而抚御之。昔之官尉，某也贤若何而效之，某也否若何而戒之。景前哲⑥，垂来兹⑦，连人其有鸠乎？

嗟嗟！昌自分谫质⑧，承乏兹地。念切哀鸿，病同害马，又何能表章一二，为斯邑重？窃惟邑之有志，犹国之有史，是以忘厥固陋，综辑旧闻，亦志其志云尔。不敢望班马，妄拟子长也。呜呼！若夫笔削严法，愿以俟后之君子。

时〔清〕顺治十三年（1656年）季春⑨谷旦⑩知县王祚昌⑪序。

① 封域：疆域、土地。
② 贡赋：土贡与赋税。中国历代王朝规定臣民和藩属向君主进献的珍贵土特产作贡；赋原为军赋，即臣民向君主缴纳的军车、军马等军用物品。后来赋的范围逐渐扩大。
③ 坛壝：tánwěi，原意是天子外出，平地筑坛，围以矮墙，作为临时住宿之所。此处指祭祀之所。
④ 只古无两：自古以来没有第二个。形容独一无二，绝无仅有。
⑤ 营垒：军营四周的围墙、防御建筑物等设施。
⑥ 前哲：前代的先哲，即先贤。
⑦ 来兹：来年，泛指今后。
⑧ 谫质：自谦之词，意为才能浅薄。
⑨ 季春：指农历三月。
⑩ 谷旦：良辰，好日子。谷有丰收之意，农耕社会的好日子就是谷物丰收。常用为吉日的代称。
⑪ 王祚昌：今河南汝宁人，拔贡，清顺治十二年（1655年）任连山知县。

旧 序

今上御极①之十四年季冬，藩院②不以瑞不敏③，命令是邑。至则数版空城，几点尖山，恍坐荒烟芜草中。一日几不闻人声，求菜根咬之不可得。他人抚此，未免有枯寂之感。余生平好闲，且私幸而喜，因宪符购邑志，亟求之古本，悉坠水火劫尘。得前王君④所修善本读之，中间详略不一。乃不自揣迁疏，以见闻数事补其阙，亦以其决不可阙也，非敢妄笔札也。因叹世人稍习之乎者也。偶有撮弄⑤，不欲鼎峙⑥春秋⑦，便欲雁行迁固⑧，此岂矮子观场，直是籧篨⑨而匹于姬姜⑩也。又往往薄范晔为不足、为不知，文章关乎运会，晔之才足以传闻异代，使立明盛之朝，其手笔非今人所敢背项。第其处心积虑，不能无玷清流，若以著作尽无当于史也，不令胡卢⑪地下乎？不佞⑫才疏见陋，不过以今之人为今之志，以免詈⑬于今之世，则幸矣！倘以数句陈言，便成千秋信史⑭，不经之甚者也。断断不敢！

连山令燕台⑮鹿应瑞⑯君符甫⑰撰。

---

① 御极：指皇帝即位。

② 藩院：此处应指清顺治六年（1649年）封尚可喜为平南王，次年尚可喜率军进入广州，开府建第。

③ 不敏：不才，即没有才能。

④ 王君：指清顺治十三年（1656年）《连山县志》编纂者王祚昌。

⑤ 撮弄：原意为戏弄，摆布。此处指添加删改。

⑥ 鼎峙：鼎立。

⑦ 春秋：相传为孔子所作。从后文的司马迁、班固看，此处代指孔子。

⑧ 迁固：即汉代史学家司马迁、班固的合称。

⑨ 籧篨：qúchú，亦作"籧篨"，粗竹席。此处代指丑陋之人。

⑩ 姬姜：泛指美人。

⑪ 胡卢：捂着嘴笑。指暗笑，窃笑。

⑫ 不佞：不才，自谦之词。

⑬ 詈：lì，责骂。

⑭ 信史：纪事真实可信、无所讳饰的史籍。

⑮ 燕台：指冀北一带，战国时燕昭王在此筑黄金台。

⑯ 鹿应瑞：字君符，今河北北部的大兴人，清顺治十四年（1657年）委任为连山知县。

⑰ 甫：起初，开始。此处指起草撰写。

旧 序

连城如斗，连民如晨星。先是，寇贼盘踞，或兵于兵，或火于火，孑遗①鹄面②，视之怛如③也。忆予辛巳（明崇祯十四年，1641年）之秋，梦憩小亭，其榜联云："层层山色远，去去水声悠。"谒选④得连山，犹未之解，历千壑万峰而至止，始信予之尹此⑤，神告之哉！使柳州⑥同时，殆将以连易播矣。今承乏兹土，寒（山）［暑］盖已两度，未能春陇雉驯，秋郊螟散⑦；度未能虎负北渡，犬卧花阴；度未能使泮藻⑧胪五色之云⑨，圜扉⑩茂三尺之草。连安藉予为？予又安用此连为？便拟赋遂初⑪。顾念束发受书史，重以家训，雅欲随遇单心，以（母）［毋］替世德，则又安敢薄此？天末弹丸，民蛮杂处，遂谓非人所居哉！间尝单骑巡历诸峒，因得问其山川之险阻阨塞，问风俗之淳若漓也，何如畴昔⑫？（间）［问］菩屋⑬之欲诉而无从者，疾苦若何？其朴而铒者几何家？彦而秀者何等矣。问长吏以下若尉、若巡、若苴

---

① 孑遗：指遭受兵灾等后残存的少数人。
② 鹄面：鹄的脸上很瘦，没有肉。形容人因饥饿而很瘦的样子。
③ 怛如：怛，dá，本义为忧伤、忧苦。引申为恐惧、悲痛。
④ 谒选：官吏赴吏部应选。
⑤ 尹此：尹，yǐn，在甲骨文、金文中，其字形像以手持杖或以手拿笔，均表示以权力治理的意思。此处指在连山任职。
⑥ 柳州：结合本段文字中的"永州之野"，应为唐代政治家、文学家柳宗元。他因最终官职为柳州刺史，故人称"柳柳州"。
⑦ 雉驯、螟散：指地方官施行仁政，泽及禽鸟、飞虫。
⑧ 泮藻：泮，泮池，古代学宫前的水池。泮池中的水藻。
⑨ 五色之云：即五色云。古人以五色云彩为祥瑞。
⑩ 圜扉：huánfēi，监狱门。借指牢狱。
⑪ 遂初：指辞官归隐，得遂其初志。
⑫ 畴昔：以前。
⑬ 菩屋：草席盖顶之屋。泛指贫家幽暗简陋之屋。

蓿斋头①，其贤而碑于口者多乎否？问惟正之供②追呼不惊鸡犬，得（母）[毋]有如永州之野③，起视其缶而弛然卧之者乎？问生齿之版④，有如元年以三十乘渡河，而次年三百乘者⑤？问博硕肥腯⑥，告民力之溥⑦存者，何道之遵也。

　　凡此者，盖已夙夜黾勉⑧，祈藉手以告无罪，将毋有志而未逮焉。然王父⑨先太保由弱冠⑩成进士，历拜大司农四十余年，在在德政，如赈饥穿渠，练兵平贼，以真经术为大经济。小子振熺虽家声弗竞，而惠民之意莫之敢忘，加以王大父⑪先方岳、本生王大父先大中丞之垂诚，为政之要，镂诸心版⑫，能不祗祗威威⑬也。第山城十室，土瘠薄而民不知法，又山瑶野壮逼处为患。此地号为岭表，异僻奇荒，非若昌黎之于阳山⑭，犹可以德化文教渐被之也，亦非云纲举目张，庶可报政。故乐纪其盛，聊取前代

---

　　① 首蓿斋头：首蓿俗称三叶草，具有药用价值，也可为人、畜所食用。据文意，此处应指衙役之人。
　　② 惟正之供：古代法定百姓交纳的赋税。《尚书·无逸》云："文王不敢盘于游田，以庶邦惟正之供。"
　　③ 永州之野：指唐代柳宗元所写《捕蛇者说》描述的毒蛇。此处借指征收赋税的各级官吏比毒蛇还要恶毒。
　　④ 生齿之版：古时把已经长出乳齿的男女登入后来所指的户籍，借指人口、家口。《周礼·秋官·司民》云："掌登万民之数。自生齿以上皆书于版。"此处指户籍册。
　　⑤ 元年以三十乘渡河，而次年三百乘者：西晋杜预注、唐孔颖达疏《春秋左传正义》云："元年革车三十乘，季年乃三百乘。"春秋时期，卫国卫文公继位，减轻赋税，慎用刑罚，发展经济，重视文化教育，任人唯贤，发展军事势力，使战车从三十辆增至三百辆，卫国日益强大。
　　⑥ 博硕肥腯：指六畜肥壮。《左传·桓公六年》云："故奉牲以告曰：博硕肥腯，谓民力之溥存也。"
　　⑦ 溥：pǔ，大。
　　⑧ 黾勉：尽力，勉强。
　　⑨ 王父：祖父，对老人的尊称。
　　⑩ 弱冠：古代男子二十岁行冠礼，表示已经成人。未达年龄者叫"弱冠"。后泛指二十岁左右的男子。
　　⑪ 王大父：指曾祖父。
　　⑫ 镂诸心版：指雕刻印刷。
　　⑬ 祗祗威威：祗祗，zhīzhī，恭敬的样子。威威，惩罚当罚者。《尚书·康诰》曰："不敢侮鳏寡，庸庸，祗祗，威威，显民。"孔传："用可用，敬可敬，刑可刑，明此道以示民。"
　　⑭ 昌黎之于阳山：唐代文学家、政治家韩愈自称"郡望昌黎"，世称"韩昌黎"。唐代贞元年间，韩愈因关中大旱，上书朝廷，结果被贬为阳山县令，在阳山任职一年有余，对阳山的文化教育事业发展起到了重要的推动作用。

之遗，与近今之，或存或亡者，详考而厘定之，抑亦法戒者之龟鉴①也。

爰从通邑绅衿之请，重为修纂。封域广袤，山溪环固，然后可建立城社②，故首志《舆地》。畋章绣错③，而后烟火万家，故次以《户口》。田租以给军国，王者仰食于民，故次以《贡赋》。衣租食税，必享祀以达精禋④，故次以《祀典》。神道不可以设教，临民者出政务以励风俗，故次以《秩官》。列官分职，而胥吏之属因之，上者诏禄⑤，下亦可以代耕⑥，故次以《经费》。人才蔚兴，以彰山川之秀色之瑞也，故次以《科目》。若夫文章尔雅，昭云汉⑦而声金石，一代之炳蔚⑧也，爰以《艺文》终焉。若此者，无非采辑前书，以为邑乘。其间挂漏尚多，纪载无当，知复不少。踵（而）〔事〕增华⑨，以俟后之君子览是志者，可见鹪鹩之栖⑩等于枳棘⑪，道周之李⑫苦甚劳薪⑬，良可慨哉！志成而述之以为序。

时〔清〕顺治十八年（1661年）岁在辛丑知连山县事文林郎古燕⑭曹振熺⑮谨序。

---

① 龟鉴：也作"龟镜"。龟可以卜吉凶，镜可以比美丑。比喻供人学习的榜样或引以为戒的教训。
② 城社：指城池和祭地神的土坛。此处指城镇。
③ 畋章绣错：指登记在簿册上的人户，色彩错杂如绣。此处指人口众多。
④ 精禋：禋，yīn，本义指古代烧柴升烟祭天以求福。此处指虔诚的祭祀。
⑤ 诏禄：zhàolù，报请王者给予其俸禄。
⑥ 代耕：古代官吏不耕而食，故称为官食禄者为"代耕"。
⑦ 昭云汉：美好的文章得到彰显。
⑧ 炳蔚：bǐngwèi，形容文采鲜明华美。
⑨ 踵事增华：继续前人的事业，使之更加完善美好。
⑩ 鹪鹩之栖：鹪鹩做窝只占用一根树枝。比喻可安身之处。
⑪ 枳棘：zhǐjí，枳木与棘木因多刺，被人称为恶木。常用此比喻恶人或小人；也比喻环境的险恶。
⑫ 道周之李：道路边生长的苦李，连路过之人也不摘取。比喻事物因无用被弃而得以保全之意。
⑬ 劳薪：古时木轮车的车脚吃力最大，使用数年后即被劈为烧柴。南朝宋刘义庆《世说新语·术解》云："荀勖尝在晋武帝坐上食笋进饭，谓在坐人曰：'此是劳薪炊也。'坐者未之信，密遣问之，实用故车脚。"
⑭ 古燕：因曹振熺为今河北人，古代属于燕国之地。故称。
⑮ 曹振熺：今河北三河人，清顺治十六年（1659年）任连山知县，纂修连山县志，未刊。

旧　序

今天子御极十有一年，德教沛然，无远弗届①。弘辟门②之典，而收群策群力之功，海内晏如，风成含鼓。时大中丞③刘公④抚粤，奉命檄修舆志。岭表郡县争副采风之意。

余既承乏连邑，不敢以（未）[末]学⑤辞，而遽引为己任，又难自信。顾念百里攸寄⑥，忝在亲民，颛颛⑦守此疆域，于山川之形胜、户口之繁简，未尝过问；于征输之盈缩、祀事之因革，未能悉数；（已）[以]往秩官孰臧孰否，频年经费或汰或增，而均未之知也。至于人物客星，不考其芳迹懿行⑧；名贤著作，不付之剞劂⑨流传，泂难免旷官⑩之羞矣。予又何敢出此？于是进邑之绅士而告之曰："连志始自弘治，从清鼎既定以来，增辑者至再矣。兹遇当事旁求之切，仰答皇上图治之心，非生长于斯，习闻习见于斯，援古证今，日究心于斯者，不能畅所欲言，补所未备。今日之匡予不逮者，舍诸公其谁也？"一时绅士同声相应，咸喜瘠土民劳之苦，得以上闻，诚希世一遭⑪也。

因共推庠生⑫李在洙等同董其事，载观旧《志》，各出新裁，存信去

---

①　无远弗届：指不管多远的地方均可到达。

②　辟门：指开门，意为广罗贤才。

③　大中丞：明清时期对巡抚的尊称。

④　刘公：刘秉权，字持平，汉军正红旗人。清康熙六年（1667 年）十二月，任广东巡抚，十三年（1674 年）十一月，在平定潮州叛乱时，卒于军中。康熙皇帝亲自为他撰写碑文，并赐谥"端勤"。

⑤　末学：低下的才能与肤浅的学识。多作自谦之词。

⑥　百里攸寄：地方行政长官接受上级政令。多指受命出任县令。

⑦　颛颛：用心专一。

⑧　芳迹懿行：芳迹，指前贤的行迹；懿行，yìxíng，善行。此处指可以流传后世的美德。

⑨　剞劂：jījué，原为刻镂的刀具。此处指刻印书籍。

⑩　旷官：空居官位。此处指不称职。

⑪　希世一遭：世上少有的机遇。

⑫　庠生：一般指秀才，是中国古代选拔官吏的科目，亦曾作为学校生员的专称。秀才是民间俗称，本义是秀出之士。

疑，拾遗补阙，无微不显，无善不彰。凡所得书，悉惬众论。志既成，咸乞余言。余披帙阅竟，如见分野画疆之外，万峰绕翠，百道流光，桥梁通处，樵牧旅然。只缘山骨之高，以致土膏之薄，既庶难臻既富①，为有心者戚焉。惟幸壮瑶稍驯野性，吾民胥得安其耕凿矣。而任土作贡，国用赖之，粢盛②可供，有光祀典。嗣是民社之责有归，养廉代耕之禄有出，而教养兼至，人材蔚起，科目之余，尽多秀杰，贞烈俱关风化。艺文独擅高华，触目会心，已乐而忘疲矣。终以杂纪，尤得《春秋》必书灾异之意。余复安用言哉！谨述书以质诸高明云尔。

时〔清〕康熙十二年（1673 年）岁在癸丑桂秋③知连山县事文林郎三韩郎廷俊④谨序。

---

① 既庶难臻既富：《论语》记载，"子适卫，冉有仆。子曰：庶矣哉！冉有曰：既庶矣，又何加焉？曰：富之。曰：既富矣，又何加焉？曰：教之"。孔子和冉有对话的意思是，卫国人众多，要让他们富裕起来。当人们富裕之后，就可以更好地进行教化。此处指连山人口众多，却难以达到富裕。

② 粢盛：zīchéng。古代盛在祭器内以供祭祀的谷物。

③ 桂秋：指仲秋，即农历八月，因桂花飘香，故名。

④ 郎廷俊：辽东三韩人，官学生，清康熙八年（1669 年）任连山知县。

旧 序

志，一邑之史也。辑往事以昭来兹①，其间之习尚攸宜、土物攸产、山川险易、户口盈缩，以至文章、节义、忠孝、廉明、徽猷②、懿行，罔不了如指掌，以辨贞淫，以别淑慝，以资补救，以示鉴戒。其关于政教者，盖甚重也。

连处天南之末，蕞尔遐陬③，在万山丛簇④中，鸟道羊肠，另辟一境，城市、村落、庐居、井里，总其编户不及大县一乡也。自余承乏以来，值烽（燃）[烟]⑤戒严，羽书旁午⑥，三四年间，征兵措饷，民瘝益甚。窃愧敉宁⑦无策，赖圣天子神武（与）[兴]师，武臣奋力疆场，楚、粤、滇、黔渐次奠戢⑧，地方无震邻之恐，苍赤有乐生之庆，手额更始。余亦乐地小民朴，政治不烦，钱谷⑨簿书⑩无难坐理。且民重犯法，狱讼不兴，公庭绝夫鞭朴，茂草鞠⑪于园扉，诚迂[迂]拙疏狂⑫所最宜者。虽然余兹惧焉，身叨民牧，必洞晰斯邑之情。今即一邑中，其生齿之为蕃衍、凋敝者若何？其习尚之为淳庞、浇伪⑬者若何？其土田之荒垦与稼穑之稔凶者若何？其赋税、徭役之轻重偏畸者若何？其朴而为农，秀而为士，黠而为

---

① 来兹：来年。此处泛指今后。

② 徽猷：猷，yóu，道，修养。该词指美善之道。

③ 遐陬：xiázōu，边远之一隅。

④ 丛簇：聚集。

⑤ 烽烟：古代烽火台报警之烟，此处指战争。

⑥ 羽书旁午：羽书，古代插有鸟羽的紧急军事文书；旁午，指交错纷繁，四面八方。形容战事紧张。

⑦ 敉宁：指抚定；安定。明代张居正《答王鉴川书》曰："边境敉宁，神人胥庆。"

⑧ 奠戢：戢，jí，收敛、收藏。把兵器收起来，指社会稳定。

⑨ 钱谷：钱币、谷物。常借指赋税。

⑩ 簿书：官署中的文书簿册。

⑪ 鞠：jū，原为审问犯人。此处指生长。

⑫ 迂拙疏狂：蠢笨豪放。

⑬ 淳庞、浇伪：淳庞，指风俗淳厚；浇伪，指浇薄，虚伪。

商者若何？其刚柔、燥湿、桑海迭更者若何？于此而综理考核，庶可随事修补，方欲征文献于名家，访耆造①于岩谷，以志一邑之实。但自唯一固陋，才歉三长②，操觚③匪任。

爰与学博月友梁先生敦请缙绅蒋子嘉贤、石子光祖、罗子象贤，与诸生雷生动虬、虞生之璇、邓生廷球、黄生上达，相与矢公于神，开局编辑。取旧《志》稽之，惜自先朝绝笔已久，国朝则王君祚昌汇集成帙，继而鹿君应瑞、曹君振熺、郎君廷俊，前后意见各出，互相抵（悟）［牾］④，而旧闻芳迹遗佚亦多。余与诸子悉心搜罗，芟其繁蔓，饰以雅驯⑤，缕举其目，若建置、若秩官、若赋税、若风俗、若人物，事变数千百年，如烛照数，计弹丸之域宛然家乘⑥。后之君子取而观焉，于以述先，于以传后，于以补偏救弊⑦，其于政教，或不无小补云。

［清］康熙二十年（1681年）岁次辛酉仲春知连山县事河南张化凤⑧羽皇甫题。

---

① 耆造：指老年人。
② 三长：唐代著名史学理论家刘知几在《史通》中提出史家必须兼有"史才""史学""史识"三长。
③ 操觚：cāogū。觚，木简，古人在木简上写字。操觚指执笔作文。
④ 抵牾：矛盾，冲突。
⑤ 雅驯：yǎxùn，文辞优美，典雅不俗。
⑥ 家乘：指家事的记录。也指家谱。
⑦ 补偏救弊：补救偏差漏洞，纠正缺点错误。
⑧ 张化凤：字羽皇，河南河内县人，清康熙十四年（1675年）任连山知县。

旧　序

盖闻国有史，邑有志，所以成一代之书，而传其信也。孔子因鲁史①而作《春秋》，犹念及于史之阙文，无亦以事属传疑，宁阙无补，乃古人忠厚之意乎？

甲子（清康熙二十三年，1684 年）春，余奉命出宰连山，度庾岭，历凌江，过中宿、浈阳诸峡，皆极幽遐②瑰异之观。迨入湟水三十里许，有高山陡立，中辟门户，则为连界之鸡鸣关。自是而风景迥殊，万山盘踞，巨石奔腾，潺湲③涧水。更行数十里，山腰平处，有人烟历落④，则为连山之县治。余凭车四顾，见其褊小荒凉，不觉为之戚然⑤。既而思天下无不可为之地，如韩文公⑥之任阳山，张魏公⑦之莅连州，至今人思不置史书邑乘共载，以为美谈。

余虽不敏，追望前贤，然抚绥⑧残黎，振兴学校，乃吾辈职分事，又安可以连山僻地仅为一时容拙己耶？于是自夏徂⑨秋，诸废渐举，而上台不弃菲才，爰颁宠召，分校乡闱⑩。公宴之日，承粮宪⑪蒋莘田夫子进而教曰："圣天子巡游河岳⑫，时驾六驭⑬，以观民风。今且遍命封疆执事绘画

---

① 鲁史：即鲁国的历史。一般指《春秋》所记载的内容。
② 幽遐：偏僻荒远。
③ 潺湲：chányuán，水慢慢流动的样子。
④ 历落：疏疏落落；参差不齐。
⑤ 戚然：忧伤的样子。
⑥ 韩文公：即唐代文学家韩愈，唐德宗贞元年间被贬为阳山县令。
⑦ 张魏公：即张浚，曾被封为魏国公。南宋著名的抗金将领，因与秦桧发生冲突，被贬谪连州。
⑧ 抚绥：安抚，安定。
⑨ 徂：cú，至，到。
⑩ 乡闱：科举时代士人应乡试的地方。代指乡试。
⑪ 粮宪：官名。明清于各省设督粮道，其最高官员被尊称粮宪。
⑫ 河岳：黄河和五岳的并称，泛指山川。
⑬ 六驭：指天子出行的车驾。

名山，上呈御览。三连山水奇秀，其以虎头①之笔意，班马之纪事，为太平天子进。"余谨唯唯。退复私念，连山丛岩叠嶂，乌可比称名胜。惟兹连民日与瑶壮杂处，边鄙荒陬，穷愁万状，既不堪为圣天子绘名山，亦当效郑侠②之图，代连民请命。乃鞅掌③年余，未遑铅椠④。今春复蒙宪檄，督修新志。余自揣固陋，何敢僭逾⑤。况熙朝⑥以来，若王鹿、若曹郎、张诸君，先后刻有成书。

余奉诸上台命，从事辑修，又何必别出己见，故为异同耶？乃与叶、戴两学博，集邑中绅士搜罗近事，始于康熙之二十一年（1682 年），从张君修志后也。其中户口之增益有纪，万寿亭之新建、黉宫⑦之新修、义学之新立，各有序记、文武官职与科目之续书其名，贤孝、杂纪之续载其事，与夫山川之题咏，凡有关于风化者，皆采访补入旧《志》。既不纷更以紊成迹，又不以传疑增饰少炫，见闻应补者补之，应阙者阙之，亦窃比信史忠厚之意，以传于后祀耳。若夫连山之土瘠民疲，志中已备言之。然哀鸿⑧未定，赪尾⑨堪嗟，莫甚今日。余未能绘郑侠之图，代连民请命。揆之于心，正难自已。故因修志之役，而不禁惓惓⑩致意云。

---

① 虎头：东晋画家顾恺之，字长康，小字虎头。据说顾恺之有"才绝""画绝""痴绝"之称。才绝指顾恺之才思敏捷，多才多艺；画绝指他画技精湛；痴绝指他作画行文纯真自然。

② 郑侠：北宋时今福建福州人，进士，一生为民请命。北宋神宗熙宁六年（1073 年）至次年春大旱，百姓无以为生，扶老携幼离乡逃生，不绝于道。郑侠据此完成《流民图》上书朝廷。

③ 鞅掌：原指事务繁忙，来不及修整仪容，后用来形容公事繁忙。《诗·小雅·北山》有"王事鞅掌"之语。

④ 铅椠：古人书写文字的工具。指协作，校勘典籍。

⑤ 僭逾：超越本分，冒用在上的名义或物品。

⑥ 熙朝：意思指兴盛的朝代。

⑦ 黉宫：纪念和祭祀孔子等先贤的祠庙，又常称孔庙。此处指县学的学官。

⑧ 哀鸿：悲鸣的鸿雁。比喻哀伤苦痛、流离失所的人。

⑨ 赪尾：赤色的鱼尾。《诗·周南·汝坟》云："鲂鱼赪尾，王室如毁。"毛诗传："赪，赤也；鱼劳则尾赤。"后因以形容人困苦劳累，负担过重。

⑩ 惓惓：quánquán，深切思念；念念不忘。

时〔清〕康熙二十六年（1687年）岁在丁卯季春望日①，文林郎知连山县事闽镛②萧象韶③西台④氏拜手⑤题于琴鹤轩。

---

　　① 望日：指月亮最圆的日子。农历每月十五日，有时是十六日或十七日。通常指农历每月十五日。

　　② 镛：即镛州，原名将乐县。五代十国时期闽国升将乐县为州，以县城西郊有山形如覆钟，取名镛州。南唐灭闽，又废州为县。

　　③ 萧象韶：福建将乐人，举人，清康熙二十三年（1684年）任连山知县。

　　④ 西台：官署名。御史台的通称，也为刑部的别称。

　　⑤ 拜手：也叫"空手""拜首"。古代男子的一种跪拜礼。正坐时，两手拱合，低头至手与手心平，而不及地，故称"拜手"。

輿 圖

县城图

演武亭
教場

勸學所

東嶽廟
城隍廟
金花廟
佛青寺

街青古
頌東

關帝廟

武元省

六塘基
新輔街
門煌

卷一 地舆志①

---

① 原书每卷数前有"连山县志"字样，现统一删除。又卷一至卷八的每卷后皆单列一行书"知县燕山刘允元重修"，因目录已经出现，故删去。以下各卷皆如此。而原书正文中的卷九、卷十，则书"阖邑公同续修"，现整理时予以保留。

建　置

　　连山，本《禹贡》① 荆州之域。春秋属楚。汉属桂阳郡。梁武帝分西北界钟山②下置广德县，属阳山郡。隋开皇十年（590 年），改为广泽县；仁寿元年（601 年），避炀帝讳，改连山县，属熙平郡。唐天宝元年（742 年），改连山郡；乾元元年（758 年），复为连山县，属连州。元至元间，因③之。元季，蓝山县人陈渊潜踞④州治，连、阳二县悉为所有。明洪武元年（1368 年），州之耆民⑤唐昌举等捧版图⑥诣⑦军门⑧归附，县治仍属连州；三年（1370 年），革省阳山县为连山县，隶于韶；四年（1371 年），又革连山县，复设阳山县，属于广；十（四）［三］年⑨（1380 年），设连山县，属州，仍隶于广；二十六年（1393 年），因唐宗祥作乱，害及官民，

---

　　① 禹贡：指《尚书》中的《禹贡》篇。这是我国第一篇区域地理著作，战国时魏国人托名大禹的著作，将全国划为冀、兖、青、徐、扬、荆、豫、梁、雍九个州。

　　② 钟山：又称大钟山，地处吉田镇古县坪村后的山头，状如大钟，故名。海拔约 500 米。本志记载："钟山，在宜善司内，县西去一百里许。"应是有误。清光绪二十三年（1897 年）《广东舆地全图》连山直隶厅载："百丈山城西二十里，又西天梯山。又三里分水坳，又四十里钟山，去城西七十里。"民国十七年（1928 年）《广东连山县志》载《连山县山脉说略》（虞先嗣）："犁头山之余支分四：东行者曰一字墙（今三水育倒冲北面），曰谷田岭，为沙田、和睦二村分界，直至上吉水口、大钟山而止。"

　　③ 因：沿袭。

　　④ 潜踞：隐居、躲藏。此处指占据。

　　⑤ 耆民：年高有德之人。

　　⑥ 版图：户籍和地域图册。

　　⑦ 诣：前往。

　　⑧ 军门：指军营外的大门。明代对总督和巡抚的尊称。

　　⑨ 民国十七年（1928 年）《广东连山县志》卷二载《连山历代疆域沿革考》："（洪武）十三年十一月，复分阳山县，置连山县。十四年四月，复以阳山县治置连州，属广州府，连山县属焉。"故改之。

县治荒废；三十五年（1402 年），钦除①典史②王大年赍印③前来。永乐改元，复于④程（下）山⑤［下］开设县治；又因瑶壮出没，地方残破，知县孔铺奏请官兵征剿宁靖；天顺六年（1462 年），迁县治于象山⑥之前，今名小水坪。

考县治凡四迁，俱无城池。自天顺六年（1462 年）始筑城池，因沟浚濠，城周一百八十丈，楼四座，雉堞⑦二百四十零九。

以形势言之，自昔程山则天栖山⑧、天霞⑨、大雾⑩、钟山拥据，东北境土差胜，而连山深壑，径路倾隘，又据一邑之险。今小水坪、邪渡二水交流，象山南岭群峰环拱，自门徂堂，由堂入室，一级高于一级，实非程山邑址爽垲⑪可比。正德四年（1509 年），抚臣议复旧治，已奉有旨，复寝⑫行。

旧说：蕞尔⑬山邑，僻处万谷，形势虽异程山，然旧县距州二百余里，

① 除：指拜官授职。古代授予官职称"除"，免去官职而任新官职称"迁"，新官职比原官职高称"右迁"，新官职比原官职低称"左迁"或称"谪"。
② 典史：官名，古代设于州县，作为县令的佐杂官，但是无品阶的"未入流"官。主要是知县手下掌管缉捕、监狱的属官。
③ 赍印：赍，jī，指拿东西给人，送给。此处指拿着印来。
④ 复于：宋绍兴十八年（1148 年），置县于程山下司城，称程山县。元至元十五年（1278 年），又移县治古县坪。明永乐元年（1403 年），再移治司城。
⑤ 程山：地处广东省连山林场东南、福堂永丰东北侧，又称大程山、龙楼山，今称大头帝山。民国十七年（1928 年）《广东连山县志》卷二记载："大程山，在城西南九十里，盘亘上吉、宜善二村界。水亦分流，壁立千仞，雄障一方，状类龙楼，故亦名'龙楼山'。宋绍兴及明永乐间迁县治于此。"又记载："西支经上吉之南而至三水口，中有大程山、高楼顶、鸦髻山诸峰，为上吉村与宜完善司分界。"又记载："上吉村水……又八里至高楼寨入余高水，此水自大凹山、大程山发源。"
⑥ 象山：指今太保镇旧城村北麓。
⑦ 雉堞：古代城墙的内侧叫宇墙或女墙，外侧叫垛墙或雉堞。守城者可借以掩护自己。
⑧ 天栖山：又称天梯山，地处太保镇旺洞西北，海拔859米。其西、东半山曾建有凉亭多座，其中西半山大富方向的古石凉亭于2008年因冰灾倒塌。民国十七年（1928 年）《广东连山县志》卷二记载："天梯山，在城北三十里，山界茅铺、大富二村，高数百丈，周十余里，少草木，中有石梯，行者难若登天。"
⑨ 天霞：指天霞山，地处天梯山附近，两山相对。
⑩ 大雾：指大雾山，又称昆湖山，地处太保镇黑山、欧家北面，为连山、连南两县交界山，连山第一高峰，广东第十三高峰。
⑪ 爽垲：高爽干燥。
⑫ 寝：停止。
⑬ 蕞尔：zuìěr，很小的样子。形容比较小的地区。

未免鞭长不及马腹。矧①瑶壮梗化②，劫掠靡常，脱有不虞③，则呼应维艰。粤稽嘉隆④以来，民不知兵，享太平久矣。盖自天启、崇祯而后，运际百六，瑶贼劫掠，震及邻封⑤。崇祯十五年（1642年），知县朱若迨具疏剿瑶，调湖广、江西、福建、广西之兵征剿，因粮饷不赀，又缘总兵⑥宋纪受贿纵贼，竟无成功，岂非明末玩寇之习弊欤？自此瑶丑愈横，公然行劫，民不聊生，祸乱孔棘⑦。迨我国朝，建置虽因前代，而廓清之烈，恢复之功，例宜详列具事，以见山邑极乱而治，革故鼎新之始末云。

续说：陵夷波埠，迁变靡常，增革踵事，亦自多端。盖运会通塞，因时措宜，或更张，或修补，诚有不得不然之势。总之，有利于民者近是。连虽僻小，自开县以来，其为改更者非一矣。爰志其事，以观世变云。

疆　域

分野

轸星，楚地翼轸⑧之分野⑨，今之南郡、桂阳等郡属焉。魏陈卓郡国躔

---

① 矧：shěn，况且，何况。

② 梗化：顽固不服从教化。

③ 脱有不虞：脱，倘若。倘若有意料不到的事。

④ 嘉隆：明代嘉靖和隆庆两个皇帝年号的简称。

⑤ 邻封：相邻的封地，泛指邻县、邻地。

⑥ 总兵：明代驻守地方的军事长官。据万历《大明会典》卷一二六《兵部九·镇戍一》记载："凡天下要害地方，皆设官统兵镇戍。其总镇一方者曰镇守，守一路者曰分守，独守一堡一城者曰守备，与主将同守一城者曰协守，又有提督、提调、巡视、备御、领班、备倭等名，各因事异职焉。其总镇，或挂将军印，或不挂印，皆曰总兵；次曰副总兵；又次曰参将，又次曰游击将军。"

⑦ 孔棘：很紧急；很急迫。郑玄所作笺曰："孔，甚也；棘，急也。"

⑧ 翼轸：yìzhěn，二十八宿中的翼宿和轸宿。古为楚之分野。其中翼宿为南方朱雀七宿中的第六宿；轸宿为南方朱雀七宿中的第七宿，源于古代中国人对星辰的自然崇拜。

⑨ 分野：指将天上星空区域与地上的国、州互相对应。我国古代天文学说，把天象中十二星辰的位置与人间社会的国、州结合在一起。这种理论，就天文学来说，称分星；就地理来说，称分野。

次①，自张②十七度至轸十一度，为鹑尾③之次，于辰在巳，楚之野，轸六度。《晋[书]·天文志》：翼轸，楚荆州。零陵入轸十一度，桂阳入轸六度。

说：分野乃地之定位，其兴旺代谢，祯祥灾异，经纬相承，丝折不爽。故昔人知太白之聚斗④，而断孙氏⑤之必兴；岁星⑥在吴，而决（符）[苻]坚⑦之必败。不识分野，何以知五星⑧之聚于（颖）[颍]，剑气之灿于丰⑨也。故志《分野》。

形胜

万山矗垒，曲涧盘旋，不曰形势，而曰形胜⑩者，以其形而胜也。推此形胜之说，愈知非漫然无谓矣。连之山川风土，固自有异，揽其大概，见其诸峰罗列，叠翠飞青，两水环回，奔涛激浪，不失连山之形胜焉。

说：慎固⑪封守，设险御侮，疆域形胜，盖綦重矣。连僻处万山，南阻鸡关，西阨大宁，俱鸟道羊肠⑫，所谓"一夫持戟，万夫莫当"者也。

---

① 躔次：指日月星辰在运行轨道上的位次。
② 张：即张宿，星宿名，又称"鹑尾"，二十八宿之一，朱雀七宿的第五宿，有星六颗。
③ 鹑尾：chúnwěi，星次名。指翼、轸二宿，古以为楚之分野。
④ 太白之聚斗：太白，即金星，早上出现于东方时，又叫启明、晓星、明星，傍晚出现于西方时，也叫长庚、黄昏星。斗星为北方之首宿，因群星组合形状如斗而得名。指金星运行至斗宿。
⑤ 孙氏：指三国时期的东吴孙权政权。
⑥ 岁星：我国古代指木星。木星每十二年在空中绕行一周，每年移动周天的十二分之一，古人把木星所在的位置作为纪年的标准，故称之为岁星。
⑦ 苻坚：十六国时期前秦的皇帝，在统一北方后，率大军南下攻打东晋。结果在淝水之战中被东晋打败，北方再度陷入分裂状态。
⑧ 五星：指水、木、金、火、土五大行星，即东方岁星（木星）、南方荧惑（火星）、中央镇星（土星）、西方太白（金星）、北方辰星（水星）。
⑨ 剑气之灿于丰：丰为地名，指豫章郡丰城。东晋灭东吴之际，丰城天空斗、牛二宿之间常有紫气，时东晋尚书张华任命豫章人雷焕为丰城令，雷焕在丰城监狱中掘得龙泉、太阿两口宝剑后，斗、牛二宿之间的紫气消失。
⑩ 形胜：这是中国文化中特有的概念，既有山川壮美"风景胜地"之意，也有地理位置优越、地势险要之意。
⑪ 慎固：使谨严坚固。
⑫ 鸟道羊肠：比喻山路狭险曲折。

但运丁阳九①，往往为枭雄②窃踞，以抗颜行③，卒至祸延林木，民生涂炭，不亦因险而假患乎？后之莅斯土者，当思未雨绸缪，严衣袽之戒④，思履霜之渐⑤，则安内可以攘外矣。

境内四至

八景　诗在《艺文》条内

石阁云梯、白沙樵唱、茂古牧歌、峨山晴雪、惠泉飞瀑、连溪闲钓、茅铺寒烟、横水乐耕。

封境⑥

东至连州，西至贺县，南至怀集，北至江华。

南至省会，舟行七日至。北至神京⑦，路计七千里。

厢乡

连山旧二乡，曰永福、曰诸莺。其安福、武昌、上吉⑧、大富、宜善⑨

---

① 阳九：古代术数家和道家的说法，四千六百一十七岁为一元，初入元一百零六岁中，旱灾之岁有九，称为阳九。此处指灾难之年或厄运。

② 枭雄：枭是古代传说中的一种猛禽，善捕猎，机敏而勇猛。此处指强横而有野心之人。

③ 颜行：指前行，前列。《管子·轻重甲》云："若此，则士争前战为颜行。"

④ 衣袽之戒：衣服新艳叫"繻"，旧而破裂称"袽"。指新衣服会很快变破旧。比喻对潜伏危机应早作戒备。

⑤ 履霜之渐：履，踩、踏；渐，逐步。踩着霜就知道严冬快要来临。比喻事情的发生有一个渐进的过程。

⑥ 封境：原指受封的境域。后泛指所守的地方。

⑦ 神京：帝都或首都。此处指北京。

⑧ 上吉：南宋淳熙七年（1180年），虞姓来连始祖虞尚鹭从浙江义乌迁入宜善，后居现吉田地，取名尚鹭村，后以同音字简化为上吉。明隆庆六年（1572年），设上吉乡。清康熙二十六年（1687年），设上吉村、沙田村。1938年，设上吉乡、永吉乡、沙田乡。1940年，上吉乡、永吉乡、沙田乡合并，为吉田名称之始。

⑨ 宜善：明万历十年（1582年），朝廷发重兵镇压壮族和瑶族后，即称县境茅田界以南民族地区为"宜善"，并特设"宜善巡检司"佐治，加强镇抚。民谣："宜善九村外七峒，连山开辟自明朝，一半壮民一半瑶。"下设枫、良、肖、钹、省、江、石田、高乡、上帅9个村。枫村，指今福堂镇永丰；良村，指今福堂镇良洞，包括连南盘石；肖村、钹村，包括今福堂镇除良洞以外原福堂全境；省村，指今小三江镇省洞；江村，指今小三江镇三联、田心、三才、鹿鸣；石田村，指今小三江镇中和、登阳、加平；高乡村，指今小三江镇高明；上帅村，指今上帅镇。

各乡，皆［明］嘉靖以来渐开。

嘉靖十一年（1532 年），开永福二乡。

二十一年（1542 年），开永福三乡。

四十年（1561 年），开安福二乡。

隆庆六年（1572 年），开大富乡、上吉乡。

万历十年（1582 年），开宜善乡。

天启二年（1622 年），开永善乡，系瑶里。

崇祯五年（1632 年），开文昌乡。

乡之所居为村，志其大者，并志其小。自县之东西、内外，悉志之焉。

村落

茅铺村①

铺前、石寨、军营、白沙②、茂古、土敬埔、班石、欧家、庙岭、象鼻、铜盆、太保庙、龙胫、盘田冲、横水、龙头③、龙尾、南蛇田、大村田、大旺寨、长江、黑山脚、上叶、董家、平寨、白虎头、上下百丈、山口寨、平山④、黄峒⑤、上坪、祝家村、莲塘村、塘头⑥、永庆、竹园、高村、凤凰、仙人坪。

说：茅铺近城郭，土田人民为诸村最。务稼穑，工贸易，好种植，勤纺绩，男妇不辍，敦素崇礼，人文秀杰，绅士彬彬。但邻瑶排，人自为战，颇类秦风⑦。

---

① 茅铺村：指今太保镇。

② 白沙：今称白沙坪村。

③ 龙头：今称平头村。

④ 平山：今称坪山村。

⑤ 峒：指少数民族居住的地方。有内峒、外峒之分。"境内皆深山绝壑，崎岖跷确，其为平原者无几也，故曰峒、曰埇、曰坑、曰闸，各以形势名之。"（广东省地方史志办公室辑：《广东历代方志集成·韶州府部第十五册·顺治阳山县志》，岭南美术出版社，2011 年，第 24 页。）黄峒，指太保镇黄洞村。

⑥ 塘头：又称塘头里，今称塘头寨村。

⑦ 秦风：秦朝朴实无华的社会风气。

和睦村①

东水、卢家②、寺边村、贺家③、走马坪、羊耳塘④、白洋寨⑤、解缨寨、牛婆塘、鸡脚社、西水、石坪、黎家寨⑥、大井、洞头、主公村、伏狮、邓家村、植槐坊⑦、桂花、黎杰⑧、官田⑨、进珂峒、新寨⑩、墟头、江头、覆船村、虎尾村⑪、黄屋、双桂里⑫。

说：诸村中惟和睦山水秀丽，卓然大观，为诸村冠。民勤稼穑，知礼义，不尚华饰，代有绅士，虽扰乱而诵读弗辍。但不事商贾，缓急之际，苦于无资。

大富村

蒙家里⑬、日乐⑭、祝高村、牛角坡、新庆寨、莲塘、大岭、蒋家、庙前村、石家、车田、鳌塘、竹桥、灰水⑮、高料⑯、上迳、水头、明月、榕树寨、黎屋、松木⑰、拳鼓寨。

说：大富居诸村之中，代有绅士，昔尚淳朴，近稍浮饰，惟土田膏腴，耕稼之余，多事技艺，返朴还淳，望之来者。

---

① 和睦村：指今除大富、上草之外的永和镇。
② 卢家：今称卢屋寨村。
③ 贺家：今称天良屋村。
④ 羊耳塘：今称养义塘村。
⑤ 白洋寨：又称白羊寨，今称李屋村。
⑥ 黎家寨：又称黎屋寨，今称上里村。
⑦ 植槐坊：今称植槐村。
⑧ 黎杰：今称乾隆村。
⑨ 官田：今称官前村。
⑩ 新寨：今称田心村。
⑪ 虎尾村：今称老虎尾村。
⑫ 双桂里：今称双桂村。
⑬ 蒙家里：亦称梦洞，又称梅洞，今称蒙洞村。
⑭ 日乐：今称日落更村。
⑮ 灰水：今称富水村。
⑯ 高料：今称高廖村。
⑰ 松木：今称松木岭村。

上草村

七里迳①、水口、福江、唐勇②、石富、擂鼓岭③、大眼、小眼、湘峒、绕江、岭脚、公楼、邹美、冬叶、平冲④、庙背、塘下、竹园。

说：界近贺县桂岭，前多俊秀，今则几乎息矣。人尚淳朴，时有黠狡⑤者以扰之，复旧弦诵⑥，端有俟于作兴者。

禾村

鲶鱼尾、冬笋塘、象鼻寨、胡家村、石龙头、直岭脚⑦、李家寨、何家、蒋家、西水、满村、大冲、林家寨、宝珠寨、平岭、鹅公、倒水冲、寺地、莲塘、上庄、梁屋、正水尾、陈下寨⑧、何昌寨。

说：界楚锦田，民性憨直，尚俭约。儒风在昔，彬彬可嘉。与和睦埒⑨，山水亦丽。耕种之余，习技艺，工贸易。但土瘠税重，赋役维艰。

沙田村

苦竹、浦田⑩、新庆、井头、胡村、岭尾、崩江⑪、军营、木根、横冲、上陀⑫、黄南⑬、圆珠、岭峒。

说：俗淳厚，不喜争讼，惟力田务本。但土田瘠，税亩重，民力易疲。自〔明〕崇祯后，始有读书。

---

① 七里迳：今称七里更村。
② 唐勇：又称塘拥村，今称塘村。
③ 擂鼓岭：今称雷古村。
④ 平冲：今称坪冲村。
⑤ 黠狡：xiájiǎo，诡诈，狡猾。
⑥ 弦诵：古代授《诗》，配弦乐而歌者为弦歌，无乐而朗读者为诵，合称"弦诵"。此处指诵读儒家文化，接受教化。
⑦ 直岭脚：今称直岭村。
⑧ 陈下寨：又称陈夏洞，今称茶洞村。
⑨ 埒：liè，等同。
⑩ 浦田：又称莆田，今称布田村。
⑪ 崩江：与连山方言"崩光"相近。后觉得不文雅，改称丰江村。
⑫ 上陀：今称上台村。清道光二年（1822年）《广东通志·山川略》记载："陀村水，在城南二十二里，西北达故县神渡桥入上吉水。上吉水在城南长径水分流也，西流合良洞水至旺南，出贺州入大宁江。"此陀村水，应指上台水。
⑬ 黄南：今称旺南村。

上吉村

莲花坪、马家头①、福安寨、羊（嫠）［婆］田②、高楼寨、佛子、新石鼓、旧石鼓、山口寨，因瑶害，废。丹竹，因瑶害，废。罗村，因瑶害，废。良溪、鸭（嫠）［婆］到③、木楼、结州。

说：昔亦蕃庶④，俗儒雅，知读书，敦素不伐⑤。然山势土地与瑶枕近⑥，田地被侵，且多沙产，又路连宜善，骚扰为疲，民多弃其土。抚绥复旧，在司牧加意⑦焉。

沙坊半村⑧

沙坊、大角埇、青冲、奎池塘、榕树坪、官渡头、龙凤迳、石鼓镇、田心、角乔、黄村坪、平田、黎头陂、大冲、红本、新村、白公庙、水东坪、大龙水、石脚坪。

说：沙坊原属［连］州，明万历四十二年（1614年）始属县治，户口仅内大村之半，淳朴耐贫，喜读书，州县子弟员常十余人。自石文德以儒林旌表⑨，其里文风至今未艾。但其地近州，且便舟楫，武职每藉军公，索取稻谷、黄豆、茶油、杉木，牌票⑩不由县，以为民病。司牧者⑪当有裁制之方，勿徇以厉黔首⑫，可也。

沙坊属诸茑乡，十一乡惟诸茑乡在于关外，散处于州治之西岸。冲口、东村、上山各堡，独二甲、十甲属在沙坊。但钱粮或有逋欠，不察其实，

---

① 马家头：今称太阳村。
② 羊婆田：又称杨和田、阳和田，今称阳和村。
③ 鸭婆到：又称鸭婆岛，今称甲科村。
④ 蕃庶：繁盛。
⑤ 敦素不伐：敦素，崇尚朴素，意为质朴、纯真。不伐，不浮夸。
⑥ 枕近：附近、邻近。
⑦ 司牧加意：指地方官吏有意识地进行引导。
⑧ 沙坊半村：指今连州市西岸镇以及连州镇沙坊村一带。据清康熙《连山县志》卷十记载："沙坊旧属连州，明万历间割其半，以隶连山。"后连山称"沙坊半村"为"沙坊村"。1938年，改称永安乡。1939年，又改称共和乡。1951年7月，经广东省人民政府批准，将共和乡划归连县管辖。
⑨ 旌表：表彰。后多指官府为忠孝节义的人立牌坊、赐匾额，以示表彰。
⑩ 牌票：古代为某具体目的而填发的具有固定格式的书面文件，以供差役执行时作为凭证。
⑪ 司牧者：掌管治理。此处指地方长官。
⑫ 勿徇以厉黔首：黔首，战国和秦代对百姓的官方称呼，意为不要通过虐待百姓使其顺从。

咸曰沙坊拖欠，委官催征，地方不无供应之累云。

宜善乡

枫峒①、良峒、古田旧县、乌石、沙里、省峒、小峒、三江峒、上下石田、大陂、西山、宿塘②、大镬③、上营、花罗、马鹿、东平、寒冲、韦家、龙头冲、梅峒、铜佛④、雷冲、北建⑤、东山、上帅、北垣、大钹、小钹⑥、夏犁⑦。

说：宜善各村，民壮杂处，壮多民少。壮自明万［历］设里⑧，至今输纳里役，与民一体。第其俗朴质，不事华饰，力农务。近颇读书，尚易于教化，较之瑶则相径庭⑨。

城　郭

旧有古县惟木棚。［明］天顺三年（1459 年），为西贼所破，据为巢穴。六年（1462 年），贼平，布政司⑩张瑄、佥事⑪弋立以县在万山，道途

---

① 枫峒：因村后长满枫树而得名。民国初期改称丰洞村。

② 宿塘：今称福堂。

③ 大镬：今称大获。

④ 铜佛：今称洞佛村。

⑤ 北建：今称德建村。

⑥ 小钹：今称小拨村。

⑦ 夏犁：今称覃运村。

⑧ 里：即里甲制，是明代州县统治的基层单位，里甲以户计，以邻近110户为1里，从中推丁多田多的10户轮流充当里长，余下100户分10甲，每甲10户，轮流充当甲首。每年由里长1人率10甲的甲首应役，称"当年"。10年轮流一遍，称"排年"。期满后，按各户人丁和田地增减重新编排。此处指壮族已经成为国家的编户齐民。

⑨ 相径庭：应是"大相径庭"的简称。此处指壮族和瑶族相比，两者不同。

⑩ 布政司：全称为"承宣布政使司"，明朝国家一级行政区，简称"布政使司""布政司""藩司"。布政使司设左、右承宣布政使各一人，即一级行政区最高行政长官。而一省之刑名、军事则分别由提刑按察使司与都指挥使司管辖。布政司、按察司、都司合称"三司"，皆为省级行政区最高机关。

⑪ 佥事：职官名。专司判断官事的官。金时置按察司佥事，明代都指挥、按察、宣慰、宣抚等司均置佥事官。

险远，且多岚瘴，而鸡鸣关内水土夷衍①，可徙县治。于是请于抚臣，奏而迁之。知县孔镛经理其事。成化四年（1468），始筑城，周一百八十丈，雉堞二百四十零九。旧有三门，今塞其南，止东、西门各一，城楼有四。

城之内

县堂，川堂②，山亭，在县之北。仪门，头门，申明亭③，旌善亭④，今废。分司⑤，捕署，在县之南。

县川堂有后衙诸舍，舍之巅有山亭，此公余退读处也。前任郎⑥废为射圃⑦，而左所建花厅⑧者，则旧学官地，儒学公署在其中焉。右有捕衙，县尉厅也。郎公复买兵舍于城之南，创为捕衙，以易其居。盖缘郎公家口繁众，暂出一时之权宜也。迨余承乏时，则百务丛集，绵力屡弱，不敢妄有改革，一循其旧。然由今以思，师儒不可使之无厅，尉舍不可使之近私居，此亦敦教化、肃体统、远嫌疑之意也。迄今又易文昌阁为学署，此又出一时之权宜也。然学署清出旧址，尚可另建，而捕署则又不可不返诸内。此又予之深虑，于继起者有厚望焉。

城守，在县之东，旧有守城兵。兵一百五十名，设立营房，俱在城外。自清朝以来，俱在城内民房设为城守衙门。

街

十字街，在城内。马头街，新铺街，在城西之外。高第街，在城之东。

说：井里⑨聚族，鸡犬相闻。观生齿之繁衍，即觇政治之和平。故自

---

① 夷衍：指地面平坦广大。
② 川堂：也叫"穿堂"，即两个院子间供穿行的房间，也可于此设座会客。
③ 申明亭：明清两代在全国城乡设置申明亭。在亭子里定期张贴朝廷文告，公布本地罪犯或犯错人员的姓名及其罪错内容，推举德高望重之人在亭子里主持调解民间轻微纠纷。
④ 旌善亭：明代在全国城乡设置"旌善亭"，张贴榜文，公布本地的孝子贤孙、贞女节妇之事，从而达到教化乡民之目的。
⑤ 分司：明清于盐运司下设分司，为管理盐务的官员。
⑥ 郎：即郎廷俊，三韩人，清康熙八年（1669年）任连山知县。
⑦ 射圃：古代学生练习射箭之场所。
⑧ 花厅：旧式住宅中大厅以外的客厅，多建在跨院或花园中。
⑨ 井里：即乡里。古代同井而成里，故称。

厢而乡，遐陬僻谷，各有乐土，莅治者必周知而抚绥焉。连山自鼎革后，城市丘墟，绅士民之家俱徙村居，闾巷萧然。城郭中惟汛兵①茅屋数椽，地之额税征之于民，民久称苦，三十年于兹矣。至于各村，地瘠山多，所居村落不过百家，少则数十家、四五家止矣。内则排瑶叛背无常，外则烽燧②之警未息，诚可慨已。余承乏虽数载，其在鞅掌况瘁③之中者强半，自愧起衰振弊之无能。后之君子其留心而拊循④之，不能无望焉。

山　川⑤

邑之有山川，犹室居之有垣墙牖户也。故疆界以此而分，风气以此而异，捍内御外，恃险而守，所以需也。至于奇峰秀壑，飞泽流泉，选胜游览，登高作赋，未始非境内之巨观。连山山势巍峨，溪涧驶迅，其间绵亘于桂、贺，衍脉于九疑⑥，多足迹未及者。或伏莽⑦弄兵，时为啸聚⑧，主治者犹当有不虞之备焉。爰记其近而可稽者，而著之于篇。

---

① 汛兵：清代绿营兵驻防巡逻的地区称"汛地"，汛地士兵叫"汛兵"。
② 烽燧：即烽火台、烽台、烟墩、烟火台。古代边防报警的信号，唐代以后，夜间举火叫烽，白天放烟叫燧。也代指战乱。
③ 况瘁：憔悴，劳累。
④ 拊循：安抚、抚慰。
⑤ 原书为"山川志"，为规范统一，改为"山川"。
⑥ 九疑：亦作"九嶷"，又名苍梧山。位于湖南省南部永州市宁远县境内。九嶷山得名于舜帝南巡，因境内有舜源、娥皇、女英、杞林、石城、石楼、朱明、萧韶、桂林九座峰峦，峰峰相似难以区别，故名。《史记·五帝本纪》云："舜南巡崩于苍梧之野，葬于江南九嶷。故老相传，舜尝登此。"相传古时舜南巡狩崩于山间，即葬于山前，二妃娥皇、女英千里前来寻觅，溯潇水而上，沿大小紫荆河而下，因九峰相仿，终未得见。
⑦ 伏莽：原指军队埋伏在草莽中。此处指潜藏的寇盗。
⑧ 啸聚：互相招呼着聚集起来。此处指结伙为盗。

［山］

连山北为大雾山，势凌霄汉，尝有雾气，因名之。七十里为大帽山①，形如大帽，故名。八十里为大龙山②，高数百丈，周围五十余里，冈峦回盘，其状如龙，故名。

南四十里为巍峨山③，高峻不可登。

县东四里为长迳山④，有夏瑜记，载《艺文》。

昆湖山⑤，在邑东诸莺乡，高约五百丈，周仅一百里，其脉自大帽冈陵联属而来，下有昆湖，故名焉。

邓公山⑥，本名腾空山，在邑北一百里，在诸莺乡。高约三百丈，周三里余，状如蟹。其脉自韶陵村层冈起伏而来。昔刺史邓阿鲁遇高僧，舍其家，将出，留经一本，曰："吾暂上高山，出门乘五色云。"冉冉而去。

---

① 大帽山：旧方志有两种表述，一种最早记载大帽山在大龙、大雾附近，是大龙水的发源地。明嘉靖四十年（1561年）《广东通志》记载："大龙水在城北十六里，大龙山下诸莺乡，源于大帽山，流至大龙山下，入于湟川。"另一种清代至民国的方志记载，大帽山在巾子山附近，如清雍正九年（1731年）《广东通志》记载："大帽山在城（厅）西北八十里，相近有巾子山。"民国十七年（1928年）《广东连山县志》记载："大帽山在城北六十里，与钟留、大雾相联属，形如大帽，故名。山界禾峒、大富二村，水亦分流。""黄祐山，在城西北五十里禾峒村境内，又名黄侯山。"而真正的王侯山，亦即黄祐山，是大帽山附近禾洞境内的另一座高山，水流同禾洞。据此推断，大帽山是山界禾洞、大富，今称为王侯山的高山，海拔1405米。

② 大龙山：地处禾洞。大龙山是大龙山脉的总称，因状如大龙而得名。山脉北接湖南江华瑶族自治县、广东省连南与连山两县交界的探山大龙，南止于太保镇黑山村后的白须翁，其间千米以上高山有8座，其中6座处于连山境内，1座与连南交界，1座与连南及湖南江华交界。主峰红泥圩在大山（大平岭）近侧，海拔1577米，高度仅次于大山，为连山第三高峰。

③ 巍峨山：具体方位待考。古方志有三种记载，一种最早，明嘉靖四十年（1561年）《广东通志》记载："巍峨山在城南四十九里"，疑为小三江镇与福堂镇交界的石钟山。二种在城东四里，疑是太保镇象山隔河对面之高山。清雍正九年（1731年）《广东通志》记载："巍峨山在城东四里，旧志作城南四十九里"有误。三种民国十七年（1928年）《广东连山县志》记载："在城北四十里许，与昆湖山并峙，为邑群山之冠。"疑为今所称的大山，该山为连山第二高峰。

④ 长迳山：地处太保镇大塘底村与白沙村之间，山紧靠和连接猪头岭，山下是长迳水。明嘉靖四十年（1561年）《广东通志》记载："长迳山，在县东九里，中有长迳以通往来。"

⑤ 昆湖山：亦名天际山，也名大雾山，海拔1659米。明万历二十五年（1597年）《广舆记》记载："昆湖山，连山，下瞰昆湖。"本志卷十《艺文志》收录的李来章《青龙头文昌阁记》记载："昆湖者，大雾山前之巨浸也。山发脉于九疑，一名天际岭。背曰大雾，面曰昆湖，其实一山也。"昆湖，大雾山东侧山下，水流连南金坑，出连州石角，汇入湟川，即连江上游之东陂河。

⑥ 邓公山：在今连州市西岸镇境内。

仙人山①，在县东。

猪头山②，在县东。

锦坑山③，在县北四十里。

钟留山④，在县北三十里永福乡。高数百丈，周百余里。其状如钟，脉与天梯山联接，峻拔秀出，群峰傍拥，若留恋于左右，因名"钟留"。

黄连山⑤，在县南［一百］四十里。

天梯山，在县北五十里永福乡。高数百丈，周约一百。其脉自巾子山而来，山势高竿，中有石梯，上而视之如登天，故名。

巾子山⑥，在县北八十里，高数百丈，［周］约百余里。其形如巾子，顶上有石池，四时不涸。傍有好边桃李二株，盛夏熟，芬芳袭人。有登其巅者采食之，不觉饥。或私携至半山，风雨骤起，迷路，弃之，复霁。故谚有云："巾子山［头桃］，宜吃不宜担。"

上叶山⑦，在县北六里。

---

① 仙人山：疑似石榴花锥，山顶有仙人石，海拔 1126 米，地处太保镇东北。

② 猪头山：地处太保镇大塘底村后，连接长迳山。

③ 锦坑山：后称金坑山，也称大粟地顶，地处大雾山东北方，连南瑶族自治县金坑村后，脉连大雾山、石榴花锥。山顶原是连山与连南两县分界山，后行政区域界线勘定山顶到西南部半山原属连山部分划归连南瑶族自治县。

④ 钟留山：今曰梅花界，又称七星伴月山，海拔 1278 米。清光绪三十四年（1908 年）《连山乡土记》记载："钟留山，在城北五十五里，高三百丈，周百余里，状如钟，与大帽山相接，峻拔秀出，群峰旁拥，若留恋于左右，故名。水流茅铺村，一流禾峒村。"而清雍正九年（1731 年）《广东通志》记载："钟留山一作中留，在城西北四十里，其状如钟，旧县治在此。""钟留山……旧县治在此"有误，此"钟留山"应为"钟山"（大钟山）。

⑤ 黄连山：地处小三江镇立星与连南瑶族自治县大麦山镇（原属阳山县大崀）白芒村交界，海拔 1311 米，又曰西山。明嘉靖《广东通志初稿·山川》记载，因山上盛产黄连而得名。连山县名也因此山而命名。

⑥ 巾子山：地处县道 400 线永和镇巾子村，海拔 1417 米。2000 年后建有金子山原生态休闲度假景区，称"巾子山"为"金子山"，成为岭南赏雪胜地，国家森林康养基地，国家 AAAA 级旅游景区。

⑦ 上叶山：历代史志对上叶山的地理方位里程表达不一。根据各志"上叶山，下有长叶水"的表述，民国十七年（1928 年）《广东连山县志》记载比较准确："上叶山，在城西南三十里。岩洞盘郁，瑶人居之，下有上叶水，至湟川合流。一名长叶山。"上叶山，为太保旺洞口分水凹西南的大掌、大道坪、大古坳等瑶村一带的山麓，附近是天堂山。

芙蓉山①，在县西一百二十里。其山出芙蓉花最多。其竹笋则阴年②有，阳年无，亦见与别山异者。孔镛诗云："半空削出玉芙蓉，上有寒光射九重。瑶树琼花风不谢，分明一片白云封。"

天霞山③。

钟山，在宜善司内，县西去一百里许。

悭山，在长迳山。当道而立，行者至是，必回头偊身而入，俗呼之曰"回头石"。

文笔山④，在黄村南、沙田北，其峰峭峻，视之如笔架。

犁头山⑤，在上草南、和睦西。上有石，形如犁头，方二丈，傍永无草，云常罩之。大旱，乡人祷于其地，率多有验。

百丈山⑥，去县二十里。

冈之属

蟠龙冈，县东半里为蟠龙冈。知县蒋元倬记，载《艺文》。

关之属

鸡鸣关⑦，县东三十里，通连州。有亭，久废。知县刘允元重建，俾

---

① 芙蓉山：地处巾子山北对面。由大芙蓉山、芙蓉儿（小芙蓉山）组成，主峰芙蓉顶海拔1435.7米，是禾洞与上草分界山，又是粤北和桂东、湘南的分水岭，萌渚岭余脉由此蜿蜒入境。2000年建立芙蓉山市级水源林自然保护区。

② 阴年：我国古代以奇数为阳，偶数为阴。地支中的子、寅、辰、午、申、戌为阳年；丑、卯、巳、未、酉、亥为阴年。

③ 天霞山：在天梯山附近。民国十七年（1928年）《广东连山县志》记载："天霞山，城北三十里，与天梯山并峙。"

④ 文笔山：又称横朗山，海拔1026米。

⑤ 犁头山：地处永和镇桂联至上草西面山，海拔1276米。

⑥ 百丈山：地处太保镇上、下百丈村后，脉接梅花界（七星伴月），海拔1103米。

⑦ 鸡鸣关：地处县东太保镇鸡笼山下主山脊南边，靠近太保河约80米高处的坳口，即旧国道323线（今060乡道）鸡笼山最高处路南侧，海拔约201米。这里也是连山壮族瑶族自治县与连南瑶族自治县交界处。清康熙二十九年（1690年），连山知县刘允元垒石设关，始称鸡笼关，亦称鸡鹿关；四十四年（1705年），连山知县李来章在关上分别建汉前将军关侯"却金亭""坦然亭"；道光十二年（1832年），连山厅同知徐维清再修时，于关口加建碉楼，使百尺雄关更为气势险要，并以"鹿鸣宴文榜"之意改名鸡鸣关。1938年，驻连县广东省政府为打通与西南大后方的联络，修筑连县至贺县公路时，关及亭被毁。

往来憩足，民咸顿之。

台子阁①，县东十里。

火夹关②，县西四十里，通上吉村。

鹎鹰关③，县西一百里，在上草，通广西。

岭之属

天堂岭④，通上草、和睦、大富三村。

长冈岭⑤，在县北三十余里。极险阻，上之若登天，路通禾村。

水

昆湖水⑥，在县东一百里永福乡长迳山下。其源发于本乡山泉而来，西支经上吉村，入于广西大宁江，东支经长迳山口，合镬水，入于湟溪水，东流入省。

长迳水，县东十里。

白沙水，县东五里，源自本乡山。

上吉水，源自本乡良溪山。

---

① 台子阁：地处太保镇白沙附近。

② 火夹关：地处吉田镇古县坪附近。

③ 鹎鹰关：地处国道323线上草与广西桂岭镇芦冲口交界。清咸丰八年（1858年），山东举人韩凤翔任厅同知时，欲保境安民，重建此关，并修建石虎祠祀汉雁门太守李广，易名为鹰扬关，取"武宴鹰扬"之意，与连山东大门鹿鸣关的"文宴鹿鸣"之意相呼应，期望连山多出文举人和武举者。1931年，邓小平领导的百色起义红七军部分队伍由此关经禾洞出湘南。1938年，因抗战需要，驻连县广东省政府为打通与西南大后方的联络，修筑连县至贺县公路时，关、祠逐渐被毁。1999年，修复关城。2012年，红七军纪念馆落成。鹰扬关红七军革命遗址，先后入选第二批县级文物保护单位、韶关市第一批爱国主义教育基地、韶关市国防教育基地、韶关市党史教育基地、韶关市家教家风实践基地、广东省红色旅游景区、广东省国民旅游休闲示范单位、广东省中共党史教育基地、全国民族团结进步教育基地，被评为国家 AAA 级旅游景区、省级森林公园、省级文物保护单位。先后以"鹰扬观日""鹰扬雄关"评为连山八景。

④ 天堂岭：地处太保镇黄洞村西北，与大富交界，脉连王侯山，海拔799米。

⑤ 长冈岭：又称长冈界，今称黑山界，地处太保镇黑山山塘村后山至禾洞交界鸡鹿门。古道太保至禾洞、江华必经之地。

⑥ 昆湖水：指今太保水，源于昆湖山。

横水①，源自本山坑水。

驼村水②，源自本乡。

梁峒水③，县西北一百里。

大龙水，县北九十里。

小龙水，源自湖广江华县，流入湟川。

韶陂水④，源出楚锦田界。

溪

连溪⑤，有诗，载《艺文》。

潭

象鼻潭，在县北沙坊，有诗，见《艺文》。

泉

惠泉⑥，有八景诗，见《艺文》。

石

贞女石，秦时有女游此，卒遇风雨，一女化为石，有诗云："当时非望夫，亦不采蘼芜⑦。自化为贞质，因此入画图。风恬月镜朗，云散石房孤。

----

① 横水：指太保镇屋地冲村至莲塘村附近的河流，源于梅花界（七星伴月），其间有白水带瀑布。在屋地冲村前与黑山水汇合，流入上叶水，至上迳水。

② 驼村水：连山方言"陀"与"台"同音。据此分析，驼村水为今上台水，源出吉田镇上台村。清雍正九年（1731年）《广东通志》记载："驼村水城南二十二里，西北达故县神渡桥入上吉水。""西北"方位有误，应为西南。

③ 梁峒水：发源于梁峒山。梁峒山，即福堂良洞山，亦称文庆山。

④ 韶陂水：位于连州沙坊，发源于连州与湖南交界山。

⑤ 连溪：明清连山八景"连溪闲钓"之处。民国十七年（1928年）《广东连山县志》载旧《志》阙疑："涟水口，……水流东南流注于洭水。……即今连溪。"

⑥ 惠泉：明清连山八景"惠泉飞瀑"之处。民国十七年（1928年）《广东连山县志》记载："惠泉，在城东，上有飞瀑景，颇称清奇，有诗载《艺文》。"疑是太保镇上山口村后的石水碗瀑布或屋地冲后的白水带。石水碗瀑布是明清时连山至贺州古道必经之地，是"惠泉飞瀑"景可能性较大，待考。

⑦ 蘼芜：一种香草名称。

寄语柳江妇，初心相似无。"

桥

邪渡桥①，宋政和七年（1117年），乡民邓必荣建，路通连州。其水自分水凹上叶来，经桥下，又从长迳出，与连州镶水合流，入湟溪。

龙水桥，桥在宜善西二十里，有记，见《艺文》。

通灵桥，在诸莺乡。宋绍兴二十六年（1156年），乡民吴英、文亨等（荆）［创］建。其水自昆湖山来，至石角村与连州西岸水合流，注湟，路达集灵庙前，因名之。

兴贤桥，在诸莺乡。宋嘉定元年（1208年），乡民邓大章等置建。其水自西岸水合流于湟溪。桥久而颓，未能修复。

牛鼻潭桥，在鸡鸣关外。有碑，载《艺文》。

鸡桐冲桥，在白沙。［清］康熙二十年（1681年）修复。

渡

官渡，在诸莺乡沙坊村榕树坪官埠头，至今尚存。

陂

观陂，在旧县东半里铺前。高九尺，阔约二丈五尺。宋嘉定三年（1210年），乡民唐海筑。元末颓废。［明］洪武元年（1368年），乡民莫德全等自行修筑，复坏。永乐元年（1403年），唐子英等仍筑，基完固，灌田二顷余。

鹅冈陂，在县北二百里，地名鹅冈。高一丈，阔二丈。宋政和七年（1117年），乡民唐必兴筑。元末颓废。［明］洪武元年（1368年），唐思春等自行修筑，灌田一顷。

官陂，在县北七十里，地方沙坊村。高一丈，阔约二丈。元至治二年（1322年），乡民石德叟筑。元末废。［明］洪武元年（1368年），石楚英筑，灌田一顷余。

---

① 邪渡桥：地处太保镇旧城村西门前。

说：国有名山大川，则国为之重，《禹贡·九州》山川特详焉。然禹以尺纸①尽九州，今且缕数之，不能尽一郡，良以禹志其大者，今郡邑志则旁及其细也。连固佳山水，界在楚粤，禹迹所不至，故记无称焉。其苍崖翠巘②，碧涧清泉，不经笔墨，临眺③题品，徒为村儿田甫，渔樵其间，遇而不知赏，赏而不能名，又何尽也？嗟夫！士怀瑜握瑾④而不遇知己，即与庸俗等，宁独山水已哉！

物　产

谷之属⑤

有稻、有粘、有粳、有糯。

稻种甚多，不特此四者。四种各有早晚。又有地稻六种，而早熟者俗呼"地禾"，高山种之为宜。

有黍、有稷、有麦，三种虽有之，不若北方之盛也。

有菉豆⑥，色小而绿。有豇豆⑦，色赤。有刀豆，荚厚类刀。有菽、有黄豆、有黑豆、有羊眼豆、有白豆、有扁豆，浙呼"蚕豆"。有粟，有粳、糯种。有麻，有黄、白色。

蔬之属

曰介菜，子辛。白菜、油菜、春菜、苋菜、同蒿、波稜、苦（蕒）

---

① 尺纸：篇幅短小的文字。

② 翠巘：cuìyǎn，青翠的山峰。

③ 临眺：站在高处远望。

④ 怀瑜握瑾：也作"怀瑾握瑜"，怀，怀藏；握，手握；瑜、瑾，美玉，比喻美德。比喻人具有纯洁高尚的品德。

⑤ 原书"物产"后属类皆为小一号字体，有的属类又出现注释类，又为更小一号字体。现统一为与正文等字号楷体。

⑥ 菉豆：即绿豆。

⑦ 豇豆：即长角豆，有赤色、白色、青色等。

［荚］、菾荙、茄子、姜、薯、芋。瓜有黄瓜、冬瓜、苦瓜、西瓜、香瓜、番瓜、匏瓜①、蒲瓜、线瓜、水瓜。

曰葱、曰韭、曰薤、曰蒜。

野蔬曰笋、曰蕨、曰荠、曰菌、曰木耳。

果之属

有银杏、有枣、有梅、有桃，白桃、毛桃。有李，有黄蜡李、牛心李、结李、红心李、鳖子李、有边桃李。

有柿、有石榴、有枇杷、有查梨、有锥子、有梨、有山柿、有柑、有柚、有橘、有山枣。

花之属

曰海棠、曰蔷薇、曰瑞兰、曰树兰、曰芝兰、曰茉莉、玉簪、木犀②、芙蓉、菊花、曰山兰花、金凤、曰映山红。

补诗③：榕树阴阴集暮鸦，竹深人静似仙家。芭蕉小苑垂双实，茉莉南州压万花。

草之属

有凤尾、有龙须、有马鞭、有羊蹄、菖蒲、有车前、有益母、有辣蓼、有蘋、有藻。有毒草，一名苦蔓，一名断肠，民间男女凡有争殴不平者，辄④采食之，立死。尸亲讼之于官，曲直未分，被害之家已荡然矣。前令林责令各村丁夫，程以日期，挖去其根，务求其尽。然愈挖而蔓愈滋，仍不能尽。惟悬示不准服毒，民命赖以保全。余莅任，首严是禁，间有服毒，概不准理，所全颇多。然仍有乘忿服毒，尸亲勒索棺殡之资。惟一切棺殡，悉责之尸亲，俱不准给。庶人各知警而不致于轻生矣。

---

① 匏瓜：是葫芦科葫芦属植物，古代称葫芦，有长、圆、扁圆等形状。

② 木犀：又名桂花。

③ 补诗：《岭南杂咏·其十》。作者汪广洋，江苏高邮人，元末进士，明初宰相。见（明）郭棐编撰：《岭海名胜记校注》，三秦出版社，2012 年，第 31 页。

④ 辄：立马，就。

木之属

日栎①，木之佳者。日楠、日杉、日梓、日樟、日椿，昔佳木。日柯、日赤黎、日苦依、日黄心稿，以上民间多用之。日松、日柏、日槐、日苦练、日乌柏、日枫、日榕、日杨、日柳。

竹之属

日篙、日丹竹、日筋竹、苦竹、茅竹、水竹、紫竹。

药之属

黄连、薏苡、九里光、枸杞、花椒、槐角、紫须。

羽之属

日鸡、日鹅、日鹜、日鸽，此为家禽。日鸪、日鹊、日燕，有湖燕，有越燕。日雉、日雁、日乌、日鸦，纯黑为乌，腹白为鸦。日鹰、日鹞、日鸠，绣色为斑鸠，纯色为鹁鸠。日画眉，能调舌。日杜宇，又名子规，又名杜鹃。日百舌，能效百鸟声，日青翠、日竹鸡、日雀，有麻雀，有黄雀。日鹂、日莺，《诗》谓"仓庚"②。

毛之属

日马、日牛、日羊、日豕、日犬，俱家畜。日虎、日豹、日鹿、日麋、日獐、日兔、日猿、日猴，猴性急，猿性缓，其臂通肩。日豺、日狼，豺性猛健，足以窘虎狼，将远逐，必倒立。日山猪、马、牛、羊，山俱有之。

鳞之属

日鲢、日鲤、日鲫、日鳅、日鲩、日鳝、日雪鱼。

---

① 栎：栎木，木质坚硬，常用于制作棋盘。
② 《诗》谓"仓庚"：诗，即《诗经》，我国古代诗歌的开端，收集了西周初至春秋中叶的诗歌。《诗·豳风·东山》云："仓庚于飞，熠燿其羽。"仓庚即黄莺的别称。

介之属

曰龟、曰鳖、曰蚌、曰虾、曰螺。

说：自《禹贡》别土宜①以定贡赋，各有攸宜②。连山土瘠山高，地之所出，稻谷之外，别无生物，惟棉花、桐油、茶子及粟、豆等物，耕山者稍与力穑③相等。武职采买，搜括无遗，竭庐弹地④，不足以供所求，厉民⑤如此，势必至于舍故土而徙他乡。将来民失其业，官失其税，其病不止，在民而且移之国矣，在良有司⑥当察其情，以杜其弊，可也。

---

① 土宜：意为各地不同性质的土壤中适宜生存的生物。也指土产。
② 各有攸宜：各有适宜的对象。
③ 力穑：lìsè，努力耕作。
④ 竭庐弹地：唐代柳宗元《捕蛇者说》的"弹其地之出，竭其庐之人"的简写。意为老百姓地里生长的东西和家里的全部收入都被官吏搜刮去。
⑤ 厉民：虐害百姓。
⑥ 良有司：意思为好的官吏。

卷二 风俗志

闻之天气有寒暖，地形有险易，泉水有美恶，草木有刚柔，风之为用也广。歌讴有贞淫，性情有华朴，习尚有沿革，品行有臧否①，俗之为类也殊。故上行下仿谓之风，众心安定谓之俗。《孝经》则曰"移风易俗"。《传》又曰"百里不同风，千里不同俗"。则风诗②之陈，太师之采③，非无故矣。续《风俗志》。

民　俗

［礼仪］

冠礼④：古者娶必先冠，然乡间有娶而不冠者，则以家有变故。男女年未及笄⑤，不得已而先娶者，俗有无害于义，从之可也。今不行。

婚礼：亲迎之礼，惟士夫家间行之。乡民惟崇信师巫，与古礼大相异焉。然行之既久，诚未易变也。

丧礼：始丧，亲朋毕至，丧家以布帛相遗。每七日设奠，凡七七⑥而止。未葬之期，先设席以待吊客。至期，盛饰诸故事，以为前驱。此礼，中州亦有设之者，然行于哭踊⑦，哀戚之中则非宜。要而言之，宁戚为本。

祭礼：士庶皆无家庙，岁时于便室中祭之。至清明，家设墓祭，至四月八日而止。广召亲戚，男女咸集，不曰"扫墓"，而曰"踏青"。礼有不

---

① 臧否：褒贬，善恶。

② 风诗：一般指《诗经》中的《国风》，内容大抵是周初至春秋间各诸侯国民间诗歌。亦泛指民歌。

③ 太师之采：周代以后，我国就设立了采风制度。太师就是掌管乐官的人，是采集民风民俗的官职，采风就是了解民情。

④ 冠礼：古代男子举行的加冠之礼，以此表示其成人。

⑤ 及笄：笄，又叫"既笄"。古代女子满15岁结发，用笄贯之为"及笄"。也指已到了结婚年龄。

⑥ 七七：源于佛教超度死者的仪式。也与先秦的魂魄聚散说有关。从死者去世之日算起，每七天为一个祭日，称"头七""二七""三七""四七""五七""六七""末七"，共计49天，被认为是逝者转世或进入来世的过渡期。

⑦ 哭踊：kūyǒng，指丧礼仪节。边哭边顿足。

可过者，此类是也。

节序

元日：多用火炮。晨起，祀先毕，家众以次称寿于长者。既乃出贺亲姻，凡五日乃止。

立春：先日，官迎春于城隍庙，盛列春色，前列鼓吹，以导芒神①、土牛。老幼填集街路，谓之"看春"。乡落之人遇土牛，以五谷掷之，以兆丰年。

元宵：前张灯三夜，十五为最盛。多造硝磺花筒相竞，谓之"赛花"。或粘藏头诗②于灯上，谓之"猜灯"。儿童以鼓锣相逐，谓之"舞判"。按《太平［御］览》载曰："汉家太乙③以昏时④祀到天明。"今人正月望日观灯游夜，是其遗事。十六日，男妇俱卜方向出游，谓之"走病⑤"。

春社⑥：凡新嫁者，各归其母家，名曰"走社"。

三月初三日：祀北帝，用大火炮以乐神，人争拾火炮头，以为吉利。

清明：各家采枫叶以为乌饭，以祀先墓。又摘柳枝插于门首，谓之"插青"。

四月初八日：谓之"浴佛会⑦"。

---

① 芒神：中国古代传说主宰草木和生命生长的神。芒神的形象为春天骑牛、头有双髻、手持柳鞭的牧童。古代为祭祀芒神，设立专门的场所，是迎春仪式的一种。

② 藏头诗：诗歌中一种特殊形式的体裁，每句诗的头一个字嵌入要表达内容中的一个字。全诗每句的头一个字又组成一个完整的人名、地名，或是一个祝福的句子。

③ 太乙：又称太一、泰一，即道家的"道"，指天地未分前的混沌之气。后发展为星名、神名。先秦时，楚国神话中的最高神祇。

④ 昏时：此处指黄昏时候，即傍晚。

⑤ 走病：又称"走百病""游百病""散百病"等，明清以来，我国民间社会在正月十五、十六日，妇女穿着节日盛装，成群结队走出家门，走桥渡危，登城，摸钉求子，直到午夜，始归。人们寄希望于通过这种活动来消除百病。

⑥ 春社：汉族古老的民俗节目之一。男女幽会的时日，后演变为祭祀土地神，一般在春分前后。

⑦ 浴佛会：每年农历四月初八日，是佛祖释迦牟尼的诞辰日，又称"佛诞节""灌佛会""龙华会""华严会"等。是日，寺院举行浴佛法会，在大殿用一水盆供奉释迦牟尼诞生像，也有寺庙会用甘草茶做成浴佛水，也称"香汤"，为佛像沐浴，作为佛诞纪念。

端阳：饷角黍①，饮雄（磺）［黄］酒②及菖蒲酒③，小男女戴朱书篆符，名曰"辟邪"。剪五色纸与榴花，送于江濡，名曰"送瘟"。

六月初六日：乡人曝衣于庭中，又以祀田祖④。

中元：为盂兰会⑤。是日，人皆设供，具衣烧于先祖。

中秋：先后四五日，民间具酒赏月，以瓜果相与馈送。

重阳：初九日，士绅家子弟携酒登高赋诗。

十月：十六日，各里醵金⑥为会，饮毕，以神衣冠出游于市，名曰"赛神"。

冬至：各家祀先，有初丧者百日，则召僧祀之，谓之"得冬"。不足百日之数，则不祀。

腊日：二十四夜，俗呼"小年夜"。是夜，设瓜果于厨以祀灶。

除夕：易门神桃符⑦、扫舍，爇炬⑧、爆竹，长幼聚饮，谓之"守岁"。

气候

气候：四时之候，寒暑不常。匝日⑨之间，凉燠⑩顿异。隆冬时桃李犹华，盛夏人尚不去绵。谚云："不食黄茅粽⑪，寒衣不敢送。"又云："四时皆是夏，一雨便成秋"。八九月时，寒暑相搏，晨起岚气⑫蔽天，薄午方散，寝食不谨，易于成疾，谓之"禾黄瘴"。

---

① 饷角黍：饷，通"飨"，享用。角黍，即粽子，状如三角，以箬叶或芦苇叶等裹米蒸煮使熟。古代多用粘黍，故名。

② 雄黄酒：将雄黄研磨成粉末泡制白酒或黄酒，是我国传统节日端午节的饮品。雄黄是一种中药药材，民间认为雄黄可以驱妖避邪，或涂抹儿童面颊耳鼻避邪。

③ 菖蒲酒：用菖蒲叶浸制的一种药酒。旧俗端午节饮之，谓可去疾疫，也被视为避邪之物。

④ 田祖：传说中始耕田者。一般指神农氏。

⑤ 盂兰会：又称"盂兰盆会"，每年农历七月十五日举行超度历代宗亲的佛教仪式。而是日又是古人祭祀祖先的日子，名为"中元节"。

⑥ 醵金：jùjīn，集资，凑钱。

⑦ 桃符：古代相传有神荼、郁垒二神，能捉百鬼。人们在新年时于门旁设两块桃木板，上写二神名字或画上其图像，用以驱鬼避邪。桃符已经成为新年更始的象征。

⑧ 爇炬：爇，ruò，又读 rè。手持火炬焚烧草木的样子。

⑨ 匝日：匝，zā，环绕，满。匝日即是一天的意思。

⑩ 凉燠：燠，yù，冷暖，寒暑。

⑪ 黄茅粽：两广地区用黄茅草包裹的粽子，为端午节食品。

⑫ 岚气：山中雾气。此处指瘴气。

说：连山地无平旷，田不方井。壤接怀贺，地杂壮瑶，性多质朴，不事商贾，专力稼穑。病不服药，专事祷神。前此变乱靡常，民皆失业，弦诵几废。自县令孔镛迁建之后，风气渐开，诗书礼义，颇埒中州。其名门巨族，克守祭田，如遇蒸尝①，宗族聚会，衣冠典雅，家有常业，耐贫畏法，崇朴尚俭，庶几唐魏之风②焉。

壮　俗

壮，原广西俍种。［明］天顺四年（1460 年），征剿之后，流落内峒，占据荒芜，不入版图。厥后生聚繁盛，招集亡命，致多蠢动。［明］万历十年（1582 年），发兵征剿，抚其遗孽，设巡司③以管辖之，立宜善一乡十甲。今里长递年赴县纳粮差，本乡税亩无推收过割④。壮俗男女与峒民无异，女子梳蟠龙髻，贯以大簪，或包白布帕，以青纱绣之，精于细布。开乡之后，男子渐服礼教，习儒书。后有李开先、韦大经、韦世龙，皆以文学考补弟子员⑤。

说：编民⑥之外，俗又有壮。考之旧志，异言异服，跋扈⑦难驯，与瑶并记。但自今观之，守法奉公，颇有读书，礼义廉耻，与民一体。殆习染变更，其所由来渐矣。然犹名之曰"壮"，亦循其旧云。

---

① 蒸尝：zhēngcháng，本指秋冬二祭。后泛指祭祀。
② 唐魏之风：指《诗经·国风》中的《唐风》和《魏风》。主要反映了晋国民众的真情实感和社会风俗。此处意指中原文化。
③ 巡司：巡检司。职掌地方治安。此处应指宜善巡检司。
④ 推收过割：即乡村土地买卖中的产权和赋役的转移手续。
⑤ 弟子员：明清时期对县学生员的称谓。
⑥ 编民：编入王朝国家户籍的百姓。
⑦ 跋扈：báhù，霸道、蛮横、独断专行。

瑶　俗 附 [瑶排]

瑶种，始于古高辛氏①。出猎，获大血卵，归，覆以盆。数日，视之，化为犬。及长，异状惊人，命曰"槃（匏）[瓠]"。时南蛮变乱，高辛榜谕，有能擒蛮首者，以女妻之。槃瓠闻谕，是日即衔蛮首以归。高辛以女人不可配犬，欲易前谕，槃瓠摇首掉尾不去，其女遂心许之。槃瓠即背负之，入于南山而居。后生五子，分为五种，散处滇、黔、楚、蜀深山穷谷之中，今瑶、僚、苗、俍②，皆其种也。

连山自古无瑶，自 [宋]（绍兴）[淳熙]③ 年间，州人有姓廖者，为西粤提刑④，任满，带瑶十余人归，居于油岭⑤、横坑⑥各山，刀耕火种。及种类繁息，越居连山境内，分为五排。历年以来，繁衍不可胜数，距县治数十里。其俗不巾不履，言侏僚⑦，衣五色绣绒，皆左衽⑧，不事商贾，男女皆穿耳带环。年少以五色绿珠鸡毛饰髻，以为美观，以歌舞答唱为悦。每岁冬月，各家宰牛豕作歌堂会，老者酺饮，少者答歌。有姓盘、房、沈、邓、李诸姓。又一种衣食居处与五排稍同，独妇人以三角薄板系髻上，名曰"带板瑶"，住居（黄）[旺]南。又一种妇女带长笄一枝，名曰"带箭

---

① 高辛氏：传说中的五帝之一，号帝喾（kù），姬姓，为黄帝的曾孙。

② 原书此四字皆为反犬旁，今改之。

③ 淳熙："绍兴"应为"淳熙"。民国十七年（1928 年）《广东连山县志》卷五载："宋淳熙中，旧《志》作'绍兴'，误。"

④ 提刑：即提刑官，提点刑狱公事的简称，为宋代特有的官职名称。这是宋代提点刑狱司长官，由朝廷选派，三年一换。提刑司是路一级的司法机构，主要掌管刑狱之事，并总管所辖州、府、军的刑狱公事，核准死刑等，也有权对本路的其他官员和下属的州、县官员实施监察。

⑤ 油岭：今属连南瑶族自治县三排镇。

⑥ 横坑：今属连南瑶族自治县三排镇。

⑦ 侏僚：指少数民族语言文字怪异难懂。

⑧ 左衽：衽，即衣襟。指中原以外的少数民族的服装，前襟向左掩。

瑶"。皆系祖氏槃瓠。此二种善良守法，惟大掌岭①、火烧坪②、军寮③、马箭④、里八峒⑤五排，劫掠为生。

[明] 天启二年（1622年），知县杨崇忠请兵征剿，参将⑥赵文轻敌失律，贼势愈炽。兵巡道⑦潘督师驻县，贼颇惧，夜持炬，哗于茂古而不敢肆。杨公揣瑶意欲抚，与巡道议行雕剿⑧，佯抚之。巡道回省，密调都司⑨蔡一申率锐师出其不意，漏夜⑩直抵马、里二排，贼溃奔逸，遂旋师。次日，贼设伏于茂古兔岭挑战，一申身先冲敌，用笼箭火攻，毙贼多人。贼大败，奔油岭。一申戒士卒裹干粮，持锄铁器，夜薄⑪油岭巢，黎明成三大营。贼惊骇，以为神兵自天而下，哀乞请命。一申勒其缚献首贼，始准其抚。自是慑服⑫十有余载。

至崇祯庚辰、辛巳年［崇祯十三（1640年）、十四年（1641年）］间，复猖獗如故。知县朱若迄具疏，题请发五省兵征剿。时总兵郑芝龙、施王政、宋纪、挂印总兵杨国威等咸集于县，然将心不一，兵不用命。有副总陈鹏素骁勇善战，见诸将无斗志，誓死报国。值贼大至，诸将分兵迎敌，鹏独率本部兵当军、马二排要冲。各营败绩，贼拥众向鹏，孤军力战，自辰至午⑬，援兵不至，鹏力疲，与守备黎树绩偕死于阵。贼益恣横。惟芝

---

① 大掌岭：今属连南瑶族自治县大坪镇。

② 火烧坪：今属连南瑶族自治县香坪镇。《民国广东连山县志点校本》第277页注释②有误。

③ 军寮：今属连南瑶族自治县大坪镇。

④ 马箭：今属连南瑶族自治县大坪镇。

⑤ 里八峒：今属连南瑶族自治县大坪镇。

⑥ 参将：明代镇守边区的统兵官，无定员，位次于总兵、副总兵，分守各路。

⑦ 兵巡道：官名。明代各省按察司除按察使外，还设按察副使、按察佥事等官员，负责巡察府州县的行政、司法等事，其兼兵备职者，又称兵巡道、兵备道，仍兼副使、佥事等衔。

⑧ 雕剿：明代镇压少数民族叛乱的一种方式，即模仿老鹰捕食之势，摸准情报，选准时机，快速出击，得手后迅速撤离。诚如明代茅坤《茅鹿门先生文集》卷二十九《府江纪事》中说："雕剿者，师不移时，倏而入，倏而出，如雕之搏兔然，故其为功最真。"

⑨ 都司：一般指都指挥使司，官署名，简称都司，属明代行省三司之一，明朝地方最高军事领导机构。

⑩ 漏夜：深夜。漏为古代计时器，分播水壶、受水壶两部分。播水壶有小孔漏水，受水壶里有立箭，箭上划分一百刻。箭随蓄水逐渐上升，露出刻度，以表示时间。

⑪ 薄：bó，通"迫"。迫近，接近。

⑫ 慑服：指因恐惧而顺从。

⑬ 自辰至午：辰指上午七时至九时，午指中午十一时至十三时。

龙愤鹏之死，议用本县宣威营土（名）［民］向导，由别径开路，引大兵突至，焚其巢。贼遁入深山，无所掠食，皆馁甚。围困阅月，功将垂成。总兵宋纪受贿，托言师老，遂罢兵议抚。监纪董梅鼎设立咸宁堡，以为善后，徒劳师匮饷，潦草结局。

鼎革①后，乘地方多故，又复跳梁。［清］顺治十六年（1659年），前任曹振熺与游击②武君仕同心合谋，相机擒剿，如散排之大坪岭，伺其无备，竟捣其穴，擒斩多伙；继而大掌岭、火烧坪，亦复歼其渠魁③，连［山］用是④又颇安焉。

大抵瑶有巢穴，俱下山耕田为食，如有作梗⑤，乘其耕种、收获两时，擒之最易。况官兵在州，朝发夕至，疾雷不及掩耳，何难剿戢？但叛则剿之，服则舍之，勿专贪其利，则畏威自应怀德，未有不帖然顺服者。自曹而后，文武因循，或至相厄⑥，遂以用兵为难，讳疾忌医，任其恣肆。迨予到任，始单骑到排，示以祸福，颇为效顺。然狼子野心，未易言革也。若夫相机抚剿，自有良策，待时而动，端有望于后之君子。

瑶排

大掌岭：瑶多恃险不法，为连山害者，惟大掌为甚。

火烧坪：瑶富而猖獗。

里八峒：劫掠罔法，多有富瑶。

军寮：瑶多田少，最悍难治。

马箭：瑶悍而贫。

尚有散瑶，如大坪岭、天塘尾、藤吊岭、八百粟、新寨、茅田、龙水尾、鱼赛冲、六碓冲、盘血山。

---

① 鼎革：指改朝换代。即明朝灭亡，清朝建立。

② 游击：武官名。清朝绿营军将领，即"营"之统兵官，位于参将之下。

③ 渠魁：首领，头领。《尚书·胤征》云："歼厥渠魁，胁从罔治。"唐代孔颖达疏："歼厥渠魁，谓灭其元首，故以渠为大，魁为帅，史传因此谓贼之首领为渠帅，本原出于此。"

④ 用是：因此。清代蒲松龄《聊斋志异》卷三《夜叉国》记载："且同类觉之，必见残害；用是辗转。"

⑤ 作梗：从中阻挠使事务或行为不得进行。

⑥ 相厄：互相困辱；彼此妨碍。

以上散瑶，俱各排分出。其在州者，则有油岭、横坑、行墙①三排，皆内外联结，互为犄角②者。

说：连之有瑶，犹身之痈疽③也。养之则积患深，决之则伤肤创。是养之不可，决之不能，果将何术以处之乎？无已，则有惩戒之法在，上勿致于损国威，下勿致于害民庶。如杨、如朱、如曹④，龟鉴在昔，可取而考也。虽然古称善治者不异其民，善化者下易其俗。苟能师武侯⑤开诚布公，恩威并用之意，以服南人，又何有于瑶哉？

---

① 行墙：又称行祥，后称南岗，今属连南瑶族自治县三排镇。

② 犄角：原指物体两个边沿相接的地方。此处指相互支援、互为依靠。

③ 痈疽：yōngjū，毒疮，皮肤的毛囊和皮脂腺成群受细菌感染所致的化脓性炎症。借指丑恶的事或坏人坏事。

④ 如杨、如朱、如曹：即指上述明代的杨崇忠、朱若迄、曹振熺。

⑤ 武侯：指三国时的诸葛亮。三国时蜀国诸葛亮死后谥为忠武侯，后世称之为武侯。其时诸葛亮平定西南夷，西南夷酋长孟获时有反复，给蜀国发展制造麻烦。诸葛亮采取“七纵七擒”的办法，使孟获心服口服。比喻运用策略，使对方心服。

卷三　赋役志

户 口

　　曹振镛曰："冯生椒衍①，本固邦宁。载版以献，按籍为经。生聚既重，夭札②所戒。毋为草菅，宁堪凋瘵③。由庶迄富，教亦渐兴。凭轼④感喟，上理日登。一隅林林，厥惟赤子。土瘠民劳，茂尔生齿。"志《户口》。

　　或谓民之多寡，不足为国之盛衰。然而民众则国强，民寡则国弱，昔人之说何谓也？盖不以务穑⑤增其税，不以辍稼减其租，则播种多；不以殖产厚其征，不以流寓免其调，则土著固；不以饬励⑥重其役，不以窳怠⑦蠲其庸，则功力勤。故肩摩袂接⑧，日以繁伙，使庶且富，又在乎有位者。续《户口志》。

　　前代无考。

　　明洪武二十四年（1391 年），户四百八十八，口九百六十四。

　　永乐十年（1412 年），户四百八十，口七百八十四。

　　天顺六年（1462 年），户四百零九，口七百八十四。

　　弘治五年（1492 年），户三百八十九，口八百三十二。

　　弘治十五年（1502 年），户三百九十四，口八百零三。

　　嘉靖元年（1522 年），户四百五十二，口一千一百零九。

　　嘉靖十一年（1532 年）、二十一年（1542 年）、三十一年（1552 年），户六百八十四，口一千一百八十七。

---

　　① 椒衍：像花椒一样密密繁衍，比喻繁衍昌盛，人丁兴旺。

　　② 夭札：遭疫早死。《左传·昭公四年》云："疠疾不降，民不夭札。"

　　③ 凋瘵：diāozhài，衰败；困乏。指困穷之民或衰败之象。

　　④ 凭轼：也作"凭式"。指倚在车前横木上坐车。借指做官。

　　⑤ 务穑：wùsè，务农。

　　⑥ 饬励：也作"饬厉"，谓使思想言行合礼制规范。

　　⑦ 窳怠：yǔdài，懒惰，懈怠。宋朝司马光《资治通鉴》卷二三四《唐纪五十》记载，唐德宗贞元十年（794 年）条："不以饬励重其役，不以窳怠蠲其庸，则功力勤。"

　　⑧ 肩摩袂接：人肩相摩，衣袖相接。形容人多拥挤。

嘉靖四十一年（1562年），户八百一十四，口二千二百六十二。

隆庆六年（1572年），户八百六十七，口二千五百二十。

万历十年（1582年），户八百七十，口二千五百三十九。

万历二十年（1592年），户七百三十，口二千八百六十四。

万历三十年（1602年）、四十年（1612年），户七百四十，口二千九百六十四。

万历四十八年（1620年），户七百四十，口二千九百六十四。

国朝顺治十二年（1655年），户七百四十，口一千八百三十五。

顺治十四年（1657年），户七百四十，丁口①一千八百三十五。

康熙六年（1667年）、康熙十一年（1672年），户七百四十，丁口一千八百三十五。

康熙二十年（1681年），户七百四十，丁口一千八百五十四。

康熙二十五年（1686年），户五百六十八，丁一千零五十三，口八百零一。优免人丁②，本身全免丁七十一，带免丁一丁，实全编丁九百八十一。

说：《周官》："孟冬，司徒③献民数于王，王拜而受之。诚以民为邦本，本固而邦始宁也。"考明初，户仅四百有奇，口仅九百有奇。迨万历以后，户增至八百有奇，口增至二千九百有奇。古人"十年生聚"之说，良不诬矣。［明万历］四十八年（1620年）后，户口又渐减，此何故欤？则生之聚之，不无望于司土者。

---

① 丁口：即人口。古代凡男子自十六至六十岁称"丁"，女子及未成年男子称"口"，合称"丁口"。既是国家统计人口的基本计量单位，也是官府派征丁银、徭役的依据单位。

② 优免人丁：指优免丁银和徭役的人丁。清代人丁必须交纳丁银，承担徭役，但对官、宦、儒、僧、道户的人丁则给予优免。清初，不仅有免纳本身丁银、徭役的特殊待遇，还可带免人丁。顺治十四年（1657年）规定，自一品官以下至杂职、生员、吏丞，止免本身丁徭，优免丁粮永行停止。

③ 司徒：古代的官名，与太尉、司空并称"三公"。掌管国家的土地和人民的教化。

贡　赋 田粮　岁派

　　曹振镛曰："任土作贡①，彻田为粮②。三古③而后，其制云亡。按亩输租，国用所系。积贮大命，岂为民厉。涝暵④不臻⑤，蟊螣⑥聿除⑦。年谷频登，大有以书。赐蠲⑧田租，安敢过望。催科⑨政拙⑩，署下为上。"志《贡赋》。

　　《禹贡》："九州⑪皆有贡物，而冀州独无之。甸服⑫有米粟之输，余四服则无之。"说者谓王畿之外，八州俱以田赋所当贡者，市易所贡之物，故不输粟，则土贡即租税也。今岁派丁地粮银，其遗法欤？续《贡赋志》。

田粮

　　前代无考。

---

　　① 任土作贡：依据土地的具体情况，制定贡赋品种和数量。《尚书·禹贡序》云："禹别九州，随山浚川，任土作贡。"

　　② 彻田为粮：周人管理田亩的制度。宋朱熹《诗集传》云："彻，通也。一井之田九百亩，八家皆私百亩，同养公田，耕则通力而作，收则计亩而分也。周之彻法自此始。"

　　③ 三古：指上古、中古、下古。唐代颜师古注引三国时学者孟康曰："《易·系辞下》曰：《易》之兴，其于中古乎？然则伏羲为上古，文王为中古，孔子为下古。"

　　④ 涝暵：涝，lào，雨水过多；暵，hàn，干旱。

　　⑤ 不臻：臻，zhēn，达到。不至，不到。

　　⑥ 蟊螣：máoténg，古代祸害农作物的害虫主要有螟、螣、蟊、贼四种，其中螟吃禾心，螣吃禾叶，蟊吃禾根，贼吃禾秆。《诗·小雅·大田》云："去其螟螣，及其蟊贼，无害我田稚。"

　　⑦ 聿除：去掉，清除。

　　⑧ 赐蠲：cìjuān。犹蠲免，即免除租税等。

　　⑨ 催科：催收租税。租税有科条法规，故称。

　　⑩ 政拙：谓拙于政事。

　　⑪ 九州：中国的别称，又名中土、神州。《尚书·禹贡》记载的九州为冀州、兖州、青州、徐州、扬州、荆州、豫州、梁州、雍州。后以"九州"泛指天下、中国。

　　⑫ 甸服：泛指京城附近的地方。中国自西周开始，以天子居住的王畿为中心，以五百里为一服，按距离远近划分五服：甸服、侯服、宾服、要服、荒服。故甸服指王畿周围五百里范围内的地界，因该地域内经济繁荣，需向天子进贡也最多。

明洪武二十四年（1391年），田、地、塘一百零二顷八十二亩二分，夏税五石一升，秋粮三百零八石二斗八升三合。

永乐十年（1412年），田、地、塘一百零四顷三十八亩五分，夏税五石零二升九合，秋粮三百二十六石五斗七升九合六勺。

天顺六年（1462年），田、地、塘一百三十顷四十六亩二分，夏税五石一斗零四合，秋粮四百四十五石九斗九升七合。

弘治五年（1492年），田、地、塘二百五十八顷八十亩七分，夏税五石一斗，秋粮八百五十六石二斗五升七合五勺。弘治十五年，同。

正德七年（1512年），田、地、塘四百一十八顷九十三亩三分，夏税五石三斗一升五合，秋粮一千二百七十六石四斗二升。

嘉靖元年（1522年），田、地、塘四百一十八顷九十九亩六分，夏税五石三斗，秋粮一千二百七十六石六斗一升。

嘉靖十一年（1532年）、二十一年（1542年）、三十一年（1552年），田、地、塘四百一十九顷零七亩二分，夏税六十九石三斗六升，秋粮一千二百七十六石八斗七升七合。

嘉靖四十一年（1562年），田、地、塘四百二十顷八十七亩六分，夏税六十九石四斗九升，秋粮一千二百八十二石四斗七升。

隆庆六年（1572年），田、地、塘四百二十四顷三十五亩，夏税七十石六斗七升，秋粮一千二百九十一石四斗八升六合三勺。

万历十年（1582年），田、地、塘四百四十八顷一十四亩五分，夏税七十一石一斗一升，秋粮一千二百九十一石五斗。

万历二十年（1592年），田、地、塘四百四十八顷八十七亩零六丝三微，夏税七十一石二斗八升二合一勺，秋粮一千三百九十三石三斗零一合九勺。

万历三十年（1602年），田、地、塘四百五十一顷二十一亩六分零二微，夏税七十二石零五升四合六勺，秋粮一千二百九十五石四斗一升四合一勺。

万历四十年（1612年），田、地、塘四百五十一顷四十五亩九分零六丝二微，夏税七十二石二斗八升六合八勺，秋粮一千二百九十九石八斗九升五合六勺。

万历四十八年（1620 年），通县实额田、地、塘四百五十一顷二十一亩六分，共科官民夏税农桑米一千三百七十一石五斗三升二合，今因之。内田地四百一十六顷六十四亩二分六厘五毫，夏地三十三顷六十七亩零四厘，塘九十亩零二分九厘五毫。

岁派

额办①解京银带水脚②，共银九百六十两零四分七厘零。

解司军饷银，四十两三钱七分零。

本府永丰仓连簟笪③，共银一百七十二两五钱零。

本县备支银一十一两六钱四分，遇闰添派银一两九钱零。

本县存留④仓并增孤老缺额，共银三百四十五两六钱，遇闰添派银一十六两三钱七分五厘零。

本县存留仓备支守城民兵工食银一百四十四两八钱七分零。

额办料价银七十八两九钱零，以官民夏农米派。

续派紫竹、梨木、翠毛等料银一两五钱六分零。

军器料银⑤二两一钱五分九厘零。

铺垫⑥并京佑料银七两一钱九分零。

总共心红纸札银四钱四分零。

掾吏⑦衣资银九分九厘，遇闰添派银二分七厘零。

---

① 额办：又名"额派"或"岁供"。明代上供物料的一种贡纳制度，因有定额，故名。

② 水脚：指解送至京师或指定官仓的贡税，原由百姓自解，后由州县集中办理，因此而附加的运送费用。

③ 簟笪：簟，diàn，竹席，米筛；笪，dá，用粗竹篾编成的席子，用来晾晒粮食。

④ 存留：保留，留下。明清两朝的财赋收入分两项：一是起运，即上缴国家财政；一是存留，即地方官府从中留下部分供本地方开支。

⑤ 军器料银：明代将卫所和州县用于制造军器的物料折成银两，故名。

⑥ 铺垫：指谷物在收贮过程中，为避免因潮湿造成损耗，在库仓内部铺设的隔层，其材质以板木、葛秸、竹席、杉篙和芦苇等物料为主。此处指明代内府物料入库之时，掌库内官以铺设库仓为由对解纳者索取的一种随费，也称"铺垫费"或"垫费"。明初钱粮物料入库时，通常由解户附带交纳，属上供物料部分。明中叶以来，部分铺设物料改折银两，管库内官以铺库垫仓为名而额外索取，其征收通常以白银为主。

⑦ 掾吏：明清官府中辅助办事人员的总称。

增派市舶提举司①丁银二钱八分五厘五毫，遇闰添派银二分二厘零。

增派连山营旗队长工食银五十四两，俱系通县官民夏农米派。

派办军瑶银，除奉明文减编抽解役人工食外，尚实编银四百一十九两六钱七分零，遇闰添派银三十四两九钱七分零，以实丁粮派。

民壮银三百六十七两二钱，遇闰添派银二十两六钱。

均平银②，除奉明文减编抽解各项外，尚该银二百二十五两五钱二分零。

增编驿传③，奉文减免，尚该实编银六十两，以实差米派。

增派加饷银一两九钱三分八厘零，遇闰加派银五钱一分四厘零。

续奉增编连山营兵食银四十六两二钱，以通县粮米派。

户口盐钞银三十三两零三分，遇闰添派银二两七钱五分零。

续议增派解司补兑兵饷银一百三十三两九钱三分零。

议增税盐供应银六钱三分九厘零，以通县官民米派。

增派地亩饷银三百一十七两二钱四分二厘三毫。

水脚银四两七钱五分八厘六毫。

大率通县人丁每丁派银一钱五分四厘，遇闰添派银七厘零；通县官民夏农桑米一例均派，每石派银一两五钱六分零。

以上旧《志》所载，于［清］康熙十九年（1680 年）奉布政司颁发《全书》④（檄）［核］实，田粮岁派列后。

---

① 市舶提举司：明代官署名，掌管海外朝贡市易之事。
② 均平银：又名甲首钱。明代役法之一。天顺间始行于浙江，成化时又行于广东。凡现役里甲，按丁、田输钱于官，以备一年之用。既出此钱，甲首归农，里长在役，止催办钱粮、勾摄公务二事。
③ 驿传：古代由官府设置供使臣出巡、官吏往来和传递诏令、文书等的交通制度。驿有传舍，可供往来人员歇宿。驿传所需人夫、车马由官府置备，也有征发民夫和民间车马。使用时按官职高低、任务轻重和时间缓迫，分为不同等级。
④ 《全书》：全称为《赋役全书》，又名《条鞭赋役册》。明清两朝记载各地赋役数额的册籍，是官府公布的征收赋税税则。

康熙十九年（1680 年）①

官民田地

原额官民田、地、塘共四百五十一顷二十一亩六分，各征不等，共征银二千三百零四两四钱五分四厘三毫。

户口人丁

原额丁口一千八百三十五，丁口各征不等，共征银一百七十三两四钱八分九厘四毫。

以上地丁共银二千四百七十七两九钱四分三厘七毫，闰银八十五两一钱四分三厘一毫。

本折起运

户部项下，京库金花铺垫料地亩饷本折等项共银四百二十五两二钱四分八厘四毫，内铺垫本色物料银六两九钱六分二厘五毫，京库金花铺垫料地亩饷折色银四百一十八两二钱八分五厘九毫。

工部项下，均一、四司②、竹木、翠毛等料本折共银八十两零四钱七分零三毫，内竹木、翠毛料本色银二钱一分一厘四毫一丝二忽五微，均一、四司、竹木、翠毛折色银八十两零二钱五分八厘八毫八丝七忽五微。

旧编存留款项，奉文节年裁扣并裁官经费等项，共解部银五百三十九两三钱二分三厘七毫九丝六忽，闰银二十六两二钱二分三厘零二丝七忽。

以上共起解银一千零四十五两零四分二厘四毫九丝六忽，闰银二十六两二钱二分三厘零二丝七忽。

---

① 原书以下各条前皆有"一"字，现删除。

② 均一、四司：此乃明清广东多次赋役改革形成的赋税项目。均一是明嘉靖九年（1530 年）御史邵𬯔"额派均一料银"，四司是嘉靖三十七年（1558 年）"续派四司料银"。均一料银摊派有工部的物料，也有礼部的物料。此处四司全为工部。明末清初，按照解送部门合并税项，故名工部项下"均一、四司"。

存留

额编兵饷均平、余剩等项，共银四百四十九两三钱五分四厘四毫，闰银二两四钱四分二厘四毫。

军器料银二两一钱五分九厘八毫。

官役俸食、心红、驿传、均平经费等项，共银九百八十一两三钱八分七厘零四忽，闰银五十六两四钱七分七厘六毫七丝三忽。

以上存留，共银一千四百三十二两九钱零一厘二毫零四忽，闰银五十八两九钱二分零。

额外

税契、优兑、升科、地租、南工、匠价、雕漆、衣装、胖袄、盐引等项，共银五百零五两九钱九分七厘三毫，闰银三两三钱二分二厘八毫，内解。

户部银一百零六两六钱六分五厘三毫。

工部银五十两零二钱六分一厘五毫，闰银三两三钱二分二厘八毫。

存留支兵饷银三百四十两零五钱九分五厘五毫。

存留杂支银八两四钱七分五厘。

以上通共银二千九百八十三两九钱四分一厘，遇闰银八十八两四钱六分五厘九毫，今奉旨汇解。

户部本折正赋裁扣裁官经费，并额外税契、员役、优免等项，共银一千二百零一两九钱六分九厘二毫九丝六忽，闰银二十九两五钱四分五厘八毫二丝七忽。

存留支兵饷银七百八十九两九钱四分九厘九毫，闰银二两四钱四分二厘四毫。

存留各项杂支银九百九十二两零二分一厘八毫零四忽。

闰银五十六两四钱七分七厘六毫七丝三忽。

以上照〔清〕康熙十九年（1680 年）布政司颁发核实《全书》。

国朝　新增丁口

康熙二十年（1681 年），增八丁十一口，征银一两四钱九分六厘八毫五丝六忽，遇闰加银八分八厘八毫五丝二忽。

国朝增垦税亩，无。

说：贡赋之说，历代递有沿革，自杨炎①创为（而）［两］税，则古意不可复考。然夏税、秋粮不过及时输征而已，在下者固宜有急公之念，而在上者亦应有轸恤②之心。苟能寓抚字于催科，不以得失介胸中，则阳城③不得擅美于前矣。

经　费 ［附盐引］

王祚昌曰："君子敬其事而后其食，孔子言之矣。然禄以养廉，食以代耕，朝廷设官定为经费，恩至渥④也。为清白吏者观此则知感，为贪墨吏者观此则知愧。"作《经费志》。

曹振熺曰："诏禄分糈⑤，养廉是资。桑户绳枢⑥，垂戒勿辞。王者所颁，下民脂血。酌水饮冰⑦，曰维贤哲。进则尽忠，退思补过。或饱欲死，孰殍而饿⑧。刍牧牛羊，有司之常。敬事后食⑨，三复不忘。"志《经费》。

---

① 杨炎：字公南，唐代凤翔府天兴县（今陕西省宝鸡市）人。唐代宰相、财政学家，"两税法"的创议者和推行者。他在唐德宗时提出以"量出为入"代替"量入为出"；以"计资而税"代替"计丁而税"；合并徭役名目，集中纳税期限，等等。唐德宗下诏推行，从此两税法取代了租庸调制。

② 轸恤：zhěnxù，顾念，怜悯。

③ 阳城：字亢宗，唐代定州北平县（今河北省保定市满城区）人。唐代官员，曾任道州刺史，其上司因道州赋税不能按时缴纳，数次对阳城加以责问。阳城自署其衙署曰："抚字心劳，征科政拙。"上司又派手下到道州监督他缴纳赋役，阳城竟"自囚于狱"，表示抗议。

④ 恩至渥：对百姓的恩惠优厚。

⑤ 诏禄分糈：报请王者授与俸禄，分得粮食。

⑥ 桑户绳枢：户，门；枢，门的转轴。编桑枝为门，用绳条为门轴。形容居室简陋，家境贫寒。

⑦ 酌水饮冰：意为居官清苦廉洁。

⑧ 殍而饿：殍，饿死的人。因饥饿而死亡。

⑨ 敬事后食：指凡事应当先尽力去做，待有功绩后，才能享受俸禄。

经费之在祀典者，固以明致孝于鬼神之义；经费之在禄糈①者，亦以明养廉于有位之人。是崇祀典，自宜极尽其仪物；食禄糈，务求瘁矢其檗冰②。下此则在官者既有代耕之饩，贪暴愈宜戢矣。续《经费志》。

户部题为酌议官员经费事。照得在外文职官员，除额设俸薪外，有必不可缺之费用，亦有必不可缺之衙役，所以资养廉而供使令也。前朝半取给于额派，半取给于赎锾③，冗费冗役，日增日加，渐成滥觞④，殊无画一。清朝创制，私派有禁，纸赎⑤尽裁，于是有苦资斧之不给，衙役之枵腹⑥者。臣等仰体圣明轸念臣工德意，爰取旧牍，悉心参酌，自督抚、藩臬⑦、守令以及佐领教职，按官之崇卑，事之繁简，以定经制⑧。衙役之多寡，虽较旧额不无减缩，然当此法度昭明之日，苞苴⑨断绝之秋，诸臣清白矢心，节俭制用，当亦不致匮乏不足。应减银两，查照旧派数目，解部充饷。此制一定，即明列《条编册》中，照数派征，按牌关支。此外毫有私增，即计赃论罪。庶官府无捉襟露肘之虞，衙役有代耕糊口之资，亦免滥征横敛之苦矣。伏乞圣明再加裁定，敕下臣部遵奉施行。缘系酌议官员经费事理，某等未敢擅专，谨题请旨。

计开：各省直大小衙门品从、俸薪、经费不录外。

本县知县

俸银，每年二十七两四钱九分，每季该银六两八钱七分二厘五毫，遇闰加银二两二钱九分零八毫。

薪银，每年三十六两，每季该银九两正，遇闰加银三两正。

---

① 禄糈：lùxǔ，官俸。
② 檗冰：亦作"冰檗"。比喻寒苦而有操守。唐代刘言史《初下东周赠孟郊》诗："素坚冰檗心，洁持保贤贞。"
③ 赎锾：shúhuán，赎罪的银钱；用钱赎罪。
④ 滥觞：lànshāng，本义为江河发源之处，水极浅小，仅能浮起酒杯。后比喻事物的起源、发端。
⑤ 纸赎：原指向官府缴纳的诉讼费用，后也指罪犯为赎罪缴纳的罚金。
⑥ 枵腹：xiāofù，空腹。比喻饥饿。
⑦ 藩臬：藩司和臬司。明清两代的布政使和按察使的并称。
⑧ 经制：治国的制度。
⑨ 苞苴：bāojū，指包装鱼肉等用的草袋，也指馈赠的礼物，还指贿赂。

心红纸张、油烛银，每年三十两，每季该银七两五钱正，遇闰加银二两五钱正。

以上据〔清〕顺治十八年（1661年）《志》。

新裁定俸薪银四十五两，遇闰加银三两七钱五分。

心红纸张、油烛银，每年二十两，遇闰加银一两六钱六分六厘六毫六丝六忽。

修宅家伙，每年二十两，每季该银五两正，奉文全裁解司，转解充饷。

迎送上司伞扇银，每年十两，奉文全裁充饷。

以上据〔清〕康熙十一年（1672年）《志》。

典史

俸银，每年十九两五钱二分，每季该银四两八钱八分，遇闰加银一两六钱二分六厘六毫。

（新）〔薪〕银，每年一十二两，每季该银三两，遇闰加银一两正。

儒学教谕

俸银，每年一十九两五钱二分，每季该银四两八钱八分，遇闰加银一两六钱二分六厘六毫。

薪银，每年一十二两，每季该银三两正，遇闰加银一两正，俱全裁充饷。

训导①

俸银，每年一十九两五钱二分，每季该银四两八钱八分，遇闰加银一两六钱二分六厘六毫。

薪银，每年一十二两，每季该银三两正，遇闰加银一两正。

---

① 训导：官名。明清地方学校之学官。明洪武初年设置，各府州县学均设一人，分别为府学教授、州学学正、县学教谕之副职，分掌教授生徒之事。清朝相沿未改。

宜善巡检司①

俸银，每年一十九两五钱二分，每季该银四两八钱八分，遇闰加银一两六钱二分六厘六毫。

薪银，每年一十二两，每季该银三两正，遇闰加银一两正。

本县吏书十二名，因差壮额支不敷，止留六名。每年每名编银一十两零八钱，共银六十四两八钱，内裁银二十八两八钱充饷，尚银三十六两。遇闰加银五两四钱，内裁银二两四钱充饷，奉文全裁。

本县门子②二名，典史门子一名，儒学门子、门斗③五名，共八名，每年每名编银七两二钱，共银五十七两六钱，内裁银九两六钱充饷，尚银四十八两。遇闰加银四两八钱，内裁银八钱充饷，尚银四两正。

本县皂隶④十六名，典史皂隶四名，宜善巡检司皂隶二名，共二十二名。因差壮额支不敷，酌减本县皂隶四名、典史皂隶一名，共留一十七名。每名每年编银七两二钱，共银一百二十二两四钱，内裁银二十两零四钱充饷，尚银一百零二两。遇闰加银一十两零二钱，内裁银一两七钱充饷，尚银八两五钱正。

本县马快⑤八名，因差壮额支不敷，酌减四名，留四名。每年每名编银一十八两，共银七十二两，内裁银四十八两充饷，尚银二十四两。遇闰加银六两，内裁银四两，尚银二两正。

本县民壮⑥五十名，因差壮额支不敷，酌减二十名，留三十名，每年每名编银七两二钱，共银二百一十六两，内裁银三十六两充饷，尚银一百八十两。遇闰加银一十八两，内裁银三两充饷，尚银一十五两正。

本县灯夫四名，因差壮额支不敷，酌减二名，留二名。每年每名编银

---

① 巡检司：官署名。掌管地方治安机构。始设于宋代，明代在各州县关隘要冲之处设置，以掌缉捕盘诘、维持地方治安之事。

② 门子：古代在官衙中侍候官员的差役。

③ 门斗：古代学官的仆役。《儒林外史》第一七回记载："保正认得是学里门斗。"

④ 皂隶：zàolì，古代衙门里的差役。

⑤ 马快：明清时期侦缉逮捕罪犯的差役。

⑥ 民壮：明代一种经常性的杂役，由乡民组成，以补卫所军丁的不足。明初由官府选派，后又改为招募。

七两二钱，共银一十四两四钱，内裁银二两四钱，尚银一十二两。遇闰加银一两二钱，内裁银二钱充饷，尚银一两正。

本县看监禁子①八名，因差壮额支不敷，酌减六名，留二名。每年每名编银七两二钱，共银一十四两四钱，内裁银二两四钱充饷，尚银一十二两。遇闰加银一两二钱，内裁银二钱充饷，尚银一两。

本县轿伞夫七名，因差壮额支不敷，酌减一名，留六名。每年每名编银七两二钱，共银四十三两二钱，内裁银四两二钱充饷，尚银三十六两。遇闰加银三两六钱，内裁银六钱充饷，尚银三两正。

本县库书一名，每年编银一十二两，内裁银六两充饷，尚银六两。遇闰加银一两，内裁银五钱充饷，尚银五钱正，全裁充饷。

本县预备仓书办一名，每年编银一十二两，内裁银六两充饷，尚银六两。遇闰加银一两，内裁银五钱充饷，尚银五钱正，全裁充饷。

本县库子②四名，因差壮额支不敷，酌减二名，留二名。每年每名编银七两二钱，共银一十四两四钱，内裁银二两四钱充饷，尚银一十二两。遇闰加银一两二钱，内裁银二钱充饷，尚银一两正。

本县预备仓斗级③四名，因差壮额支不敷，酌减三名，留一名。每年编银七两二钱，内裁银一两二钱充饷，尚银六两。遇闰加银六钱，内裁银一钱充饷，尚银五钱正。

本县儒学喂马草料，每年编银一十二两。顺治十七年（1660 年）奉颁新全书，加一十二两，共银二十四两正，奉文全裁充饷。

本县儒学并典史、宜善司巡检书办共三名，每年每名编银七两二钱，共银二十一两六钱，内裁银三两六钱充饷，尚银一十八两。遇闰加银一两八钱，内裁银三钱充饷，尚银一两五钱，奉文全裁充饷。

儒学教谕，斋夫④三名，每年每名编银一十二两，共银三十六两，内裁银一十八两充饷。遇闰加银三两，内裁银一两五钱充饷，尚银一两五钱正，今奉文全裁充饷。

---

① 禁子：又称"狱卒"。指在监狱中看守罪犯的人。
② 库子：看管官库的人。
③ 斗级：主管官仓的役吏。
④ 斋夫：古代学舍中的仆役。

训导、斋夫三名，每年每名编银一十二两，共银三十六两，内裁银一十八两充饷，遇闰加银三两，内裁银一两五钱充饷，尚银一两五钱正。

儒学膳夫①二名，每年每名编银二十两，共银四十两，遇闰加银三两三钱三分三厘三毫奉文裁三充饷，尚银一十三两三钱三分三厘三毫四丝，遇闰加银一两一钱一分一厘一毫。

典史、马夫一名，每年编银七两二钱，内裁银一两二钱充饷，尚银六两，遇闰加银六钱，内裁银一钱充饷，尚银五钱正。

本县修理监仓②银二十两正。

会试③举人④水手银⑤一十二两零七分八厘二毫。

儒学廪生原额二十名，每名编银七两二钱，共银一百四十四两，奉文全裁充饷。

乡饮酒礼⑥二次，派银四两，奉裁二两充饷，尚留支银二两正。

本县朔望⑦行香、讲书给赏纸笔，派银一两正，奉文全裁，解司转解充饷。

夫马派银五两正。

孤老口粮柴布，派银一十两零六钱七分一厘九毫，内裁柴布银三两五钱五分七厘三毫充饷，尚留支口粮银七两一钱一分四厘六毫。

---

① 膳夫：古官名。原指掌管宫廷饮食的人。此处指掌管县学饮食的人。

② 监仓：监狱。清代黄六鸿《福惠全书·刑名》云："如人命果真，当堂将凶犯重责收监，其余犯应收监仓者，分别投监寄仓。"

③ 会试：科举考试方式之一。因士子会集京师参加考试，故名。又因在春季由礼部主持，也称"春闱""礼闱"。

④ 举人：明清时代在乡试中考中的人，称为举人。

⑤ 水手银：明清各地举人每三年一次赴京参加考试。给运送举人进京考试的船工或车夫的银两，即为水手银。

⑥ 乡饮酒礼：古代嘉礼之一。起初是每三年正月，行乡饮酒礼时以贤能者为宾，有选拔人才之意。后随着时代变化，内容有所不同，唐太宗下诏编《乡饮酒礼》颁行天下，令州县长官于每年十二月亲率长幼，邀集所辖州县父老宴饮。明代规定官民每年两次定时聚宴，习礼仪、读律令，各地官员与学官率士绅、年老者行礼于学校。民间则以百家为会，由粮长、里长主持。年长者为正宾，又有敬老之意。

⑦ 朔望：朔指农历每月初一，望指农历每月十五或十六日。

察院考观风生员①合用卷饼、花红②、纸笔，每年派银二两五钱正。

应朝官员酒席造册纸札，每年派银二两三钱四分。

本府官吏应朝盘缠，每年派银二钱九分六厘六毫。解府支。

本县官吏应朝盘缠，每年派银一十二两六钱六分六厘六毫。

迎宴新举人旗匾花红酒席，每年派银一两二钱零一厘二毫。

起送会试举人酒席，每年派银三钱六分六厘七毫。

县学岁贡生花红羊酒盘缠，每年派银三十四两正。

科举生员盘缠花红酒席，每年派银九钱三分三厘，内奉文裁扣充饷外，尚留支银三钱八分九厘。

本县铺兵四名，每年每名编银六两，共银二十四两，遇闰加银三两正。

以上裁扣充饷银，系解布政司转解，余俱留县备支。

驿传银六十两正，解府贮，补各驿溢支雇募夫马。

均平银二百六十九两四钱九分二厘一毫。

拜牌习仪香烛，派银四钱八分。

春秋二祭，派银七十一两九钱八分内支祭。

文庙银三十六两四钱一分六厘支祭。

启圣祠银五两四钱四分支祭。

乡贤名宦祠银四两七钱二分支祭。

山川银一十三两九钱八分支祭。

社稷银一十四两四钱二分四厘。

无祀鬼神，每年三祭，派银一十六两二钱四分二厘。

历日③，派银三两解布政司，支造历书用。

门神桃符，派银二钱五分。奉裁充饷。

迎春土牛、芒神、春花、春鞭、三牲，祈雨、祈晴、日食、月食、谢

---

① 生员：明清时代，在科举考试中，凡通过最低一级考试而进入府学、县学的人为生员，俗称"秀才"。

② 卷饼、花红：即试卷费和赏银。

③ 历日：古时官府以颁发次年历书之名向各地征收的费用。

雷①香烛祭品等项，派银四两八钱一分五厘。

岁考生员、童生②入学合用果饼，派银一两二钱五分，内节省充科场银六钱二分五厘，尚留支银六钱二分五厘。

杂　办③

岁派银三十三两六钱六分八厘三毫，内奉裁三两三钱六分六厘八毫充饷，尚银三十两零三钱零一厘四毫七丝，留县贮候。凡迎接诏赦香烛、知县升任、修补衙门什物、上司使客、下程申火、造册书手工食、买办检验什物，与一应合用未尽事宜，俱于前银内动支。

均平余剩银六十二两八钱二分九厘五毫，议留新定经制官兵粮食。

［盐引］④

本县盐课⑤额引⑥二百三十道，载在《盐政通考》，原埠立于高良水⑦口，即今（莲）［连］州渡头上，名菜园口。发卖县盐。［明］天启年间，商人周兴拆一百一十五引，并州发卖，县存一百一十五引。崇祯九年（1636年），县尹余公懋俨通详，将县存一百一十五引尽并归州，立埠于济

---

① 谢雷：古代人为避免遭遇雷击而举行的朝天祭祀仪式。也说是为使触犯天条之人、遭雷击而死者不入地狱而祭祀雷神。

② 童生：明清科举考试时，凡习举业的读书人，不论年龄大小，只要未考取生员资格，皆称童生或儒童。

③ 杂办：古代在规定的赋税之外，因特殊事故加征的税。

④ 盐引：宋代以后历代政府发给盐商的食盐运销许可凭证。盐引通常都有编号，每引一号，分为前后两卷，盖印后从中间一分为二，后卷交给商人，称"引纸"，即"盐引"；前卷留在官府存根，称"引根"。商人凭盐引即可到盐场支盐，然后到指定销盐区卖盐。

⑤ 盐课：历代官府对食盐产运销所征收的税。

⑥ 额引：又称"正引"，明清盐商运贩盐的凭证之一。盐商必须以盐引作为缴纳盐课及行盐的凭证。盐引由户部颁发，户部根据全国各引地大小及人口多寡，定出每年额销的盐数，印发引票，是为"额引"。

⑦ 高良水：地处今连南县境内，水流入三江，东流入湟川。高良水口为入湟川处。《清史稿》卷七十九《地理志》记载："高良水在南，一名大获水，上源为横水，出西北天堂岭，东南流……"

川门，自此盐销饷裕。至国朝顺治十一年（1654 年），经制题定：连州、连山共散拆盐引四千六百三十道，饷银皆系官商赴盐司投纳折引，行盐抵州发卖。［清］康熙元年（1662 年），奉旨裁革官商，责令本县招取排商①。有奸商钟鸣假冒排商，复开高良旧埠，盐壅不销，亏本告退。三年（1664 年），旷埠遗引，贻累官民。康熙八年（1669 年），县尹②郎公廷俊申详，院道批准，连山盐照依并在连州散拆。凡县盐到州，屯贮济川门，散发本县诸莺各乡冲口、东村、沙坊、鸡鸣关等处墟市销食。官不压买，民无私贩，商民于是乎两便。

---

① 排商：清康熙初，广东盐商由里下报充，三年一换，名曰排商。后因弊端，改为征收排商费，纳入正课。
② 县尹：即知县。一县之长官。

卷四 祀典志

曹振熺曰："御灾捍患，风雨雷霆。百代宗师，黉序①莫京。庙貌俨然，俎豆罔阙②。秋菊春兰，明神对越③。有司告虔④，为民答天。牺牲⑤粢盛，式礼莫愆⑥。茌守兹土，祀事匪懈。以我斋明，洋洋如在。"志《祀典》。

考《周礼·祀典》，民功曰庸，事功曰劳，治功曰力，均得予祀。然祀功必于祠，祀神必于庙，祀鬼必于坛，明有宜也。续《祀典志》。

文　庙

连山旧学，按《湟川志》：宋淳熙八年（1181年），邑宰欧兴建于古县治之东，旧香界寺之左。咸淳二年（1266年），为兵火所焚。元至正三年（1343年），县尹何再兴仍建于故址。元季圮毁。明洪武三年（1370年），大兴学校，县丞程清仍依旧址重建。四年（1371年），并入阳山县，儒学亦并。十（四）［三］年（1380年），复设连山县，主簿⑦鸢本又建如故。永乐元年（1403年），知县彭伟重新之，立射圃于学之东。天顺六年（1462年），县迁于小水坪，学亦迁于县治东，知县孔镛始建。成化年间，知县唐敏、邹员、蒙晟、辛贵修饬，未讫工。弘治十一年（1498年），知县林高落成。

国朝定鼎，兵火毁（圯）［圮］。［清］康熙五年（1666年），知县康迁建于县西门外。康熙十八年（1679年），知县张迁建于东门外蟠龙冈。有建学记，附《艺文》条内。

大成殿，三间。棂星门、泮池、戟门、明伦堂，未。东西庑。

---

① 黉序：黉，hóng。指古代的学校。
② 俎豆罔阙：俎豆，古代祭祀、宴会时盛肉类的两种器皿。泛指祭器，引申为祭祀。罔阙，无缺。意为祭祀不断。
③ 对越：意为答谢颂扬。
④ 告虔：虔诚地宣告。
⑤ 牺牲：古代为祭祀而宰杀的牲畜。
⑥ 式礼莫愆：指礼仪周全，没有过错。
⑦ 主簿：官名，各级主官属下掌管文书的佐吏。

启圣宫，未。

乡贤祠，未。祀南北宋邓鲁，唐黄匪躬，明麦志德、虞焕、赵祖禹、蒋泮。

名宦祠，未。祀明孔镛、林镐、林裕明、周齐。

文昌阁，在塔下，新建。

以上俱于仲春、仲秋上丁致祭。

魁星楼，在文昌阁下，新建。

关帝庙，在县治东。［清］康熙三十二年（1693年）三月，知县刘允元新建。原有小祠，东阜门内，久废。

北帝庙，知县刘允元重修。

观音堂，俱在东门外。

城隍庙，在东门高第街。［清］康熙三十一年（1692年），知县刘允元重修。

金花庙，乡人于此祈嗣，知县刘允元重修。

东岳庙，俱在城隍庙傍，知县刘允元重修。

孔镛祠，在头门内。

义学，在东门外观音堂侧。知县刘允元建。

马明王庙，在东门外。

忠烈庙，在茂古平天营，祀陈鹏。今废。

坛　壝

社稷坛，在城西。

山川坛，在城东。俱仲春、仲秋上戊①日致祭。

厉坛，在铺前三里。每年清明日、七月十五日、十月初一日，祀鬼神之无祀者。先日焚牒于城隍以主祭。

---

① 上戊：农历每月上旬之戊日。此处指农历二月、八月上旬之戊日。

寺

香界寺，在永福乡县后岭。[宋]（治）[绍]兴元年（1131年），僧普善创建。元末毁于兵火，故址犹存。

福寿寺，在永福乡驼村。宋宝庆元年（1225年），僧普灵创建。元末毁于兵火，[明]永乐三年（1405年）复业，乡民罗广秀重建。今亦毁矣。

宝相寺，在永福乡大富村。元皇庆元年（1312年），僧何济创建。元末毁于兵火，故址今存。

复兴寺，在永福乡西山。[宋]嘉定三年（1210年），僧罗汉创建。元末毁于兵火，故址今存。

香社寺，在诸莺乡韶陂村。[宋]绍兴六年（1136年），僧何丹创建。元末毁于兵火，故址今存。

禅源寺，在诸莺乡沙坊村。宋开庆间，僧本化募建。元末毁于兵火，故址犹存。

漏觉寺，在诸莺乡石角村。宋绍兴十二年（1142年），僧周觉创建。元末毁于兵火。[明]洪武元年（1368年），乡民吴仕渊重修。寺有田二十二亩六分，见系永福乡民周佛真承佃纳粮。

金地寺，在诸莺乡龙口村。宋绍兴十二年（1142年）僧道隆建。元末寺毁，故址仅存。

保福院，在永福乡上西山。宋宝庆三年（1227年），乡士罗庆寿建。元至元间毁于兵火，故址犹存。

慈济医灵真君庙，在永福乡铺前。宋端平二年（1235年），龙县尉建。岁久颓废，今存旧址。

杉冈庙，在永福乡。宋宝庆三年（1227年），乡民唐永澄创建。旧传神姓白，字通玄，本县人，殁而为神。岁久庙毁，故址犹存。

潭口庙，在永福乡。宋嘉定二年（1209年），乡民唐海建。旧传神姓黄，字满金，本县人，殁而为神。元末为兵火所毁，故址荒芜。

鹅冈庙，在诸莺乡鹅冈陂，因名。［宋］绍兴十年（1140年），乡民黄子通建。旧传神姓黄，名小童，本县人，殁而为神，尝著灵异以祐于民。元至元初，毁于兵火，故址芜没①。

普利庙，在永福乡。宋嘉定三年（1210年），乡民何仁寿等创建。旧传姓黄，字若金，本县人，寿八十殁而为神。尝著灵异，民有疾病，祷无不应。元末庙毁于兵火，基址芜没。

灵女庙，在旧县南。宋嘉定五年（1212年），乡民欧道通创建。旧传姓虞，本县人，七岁殁而为神，俗呼为"灵女娘娘"。元末毁于兵火，基址芜没。

集灵庙，在诸莺乡，奉六侯神。旧《志》云：皇宋景祐中，尝阴扦侬贼②，频著神灵。郡守王冥以其事闻于朝，得赐庙额。凡盗贼灾旱，祷之最应。宋政和七年（1117年），郡侯丁惊累其伟功，奏乞封爵。逾月而诏书六至，太守刻日率属告于庙。会③久雨不止，或请易日，太守曰："神以茂烈，信食兹土，且雨旸随祷久矣。今受天子爵命，可不益显灵应，以自效见耶？"乃用先所卜日，前一夕雨愈甚，五鼓小霁，黎明山川豁涤④。至庙，日光晔然⑤。神之英明如此。元末庙毁。

邓刺史庙，在诸莺乡。按旧《志》：刺史邓阿鲁，字约子，桂阳下卢乡烧陂里人。幼有孝行，宋元徽间为郡吏，时馆阁文帙遭火，郡国上民间所藏，郡遣阿鲁进图籍⑥于京师。帝以其能兴坠典⑦，授以本州刺史。既领职还郡，乃创置州城，惠泽于民。后殁，民仰其德，立庙以祀之。后庙颓毁，［明］洪武三年（1370年），乡民邓仲才重建，有传记。碑文见《艺文》内。

说：祀之一定者，先师与社稷无论矣。至于祀功祀德，则必泽被生民，声施⑧后世。凡有关于一邑之世道人心，始能当此而无愧也。

---

① 芜没：wúmò，掩没于荒草间。
② 侬贼：指侬智高。北宋皇祐年间，侬智高率五千人在今广西境内起义，反抗宋朝统治，直逼广州。后被狄青率领的官军镇压。
③ 会：恰好，正好。
④ 豁涤：意为开朗干净。
⑤ 晔然：指辉煌灿烂。
⑥ 图籍：地图和户籍，指疆土人民。此处指图书。
⑦ 坠典：指已废亡的典章制度。南朝梁沈约《侍皇太子释奠宴》诗："坠典必修，阙祀咸荐。"
⑧ 声施：名声流传。

卷五

秩官志

国家张官①置吏，与之共理。自藩臬、郡守而下，有县令，有簿尉，有教师、巡（獥）［徼］②之官，虽崇卑异秩，其比肩③事主一也。故不惟其官，惟其人。苟自一命以上，能业于其官，展采错事，以毋孤主上之托，则称之曰能吏。匪是，则为鳏为旷，自速官谤④已尔，国家何赖焉？余尝考邑乘，县令自孔公⑤而下，得二林公⑥与儒师周君⑦，皆能举其职者。为因其旧而序于传，余则并次而列之。其问臧也否也，自有能传之者，作《续秩官志》。

县　令

旧《志》，陈瑶⑧曰："郎官上应列宿⑨，苟非其人，则民受其殃。志《县令》。"

《续志》曰：明刘宣忠从内求为亲民之官，岂不以情可上闻，惠足下逮者，惟郡刺史与县令乎？故汉之锡爵⑩长子孙，宋明之钦取内转⑪，均于此寓鼓舞之权焉。然膺⑫斯任者，不过"勤、敏、廉、恕"四字尽之。盖勤、

---

① 张官：设官。汉代班固《白虎通·封公侯》云："列土为疆非为诸侯，张官设府非为卿大夫，皆为民也。"

② 巡徼：巡行视察。

③ 比肩：并列，居同等地位。

④ 官谤，guānbàng，因居官不称职而受到的责难和非议。

⑤ 孔公：指林镛。

⑥ 二林公：指林高、林裕阳。

⑦ 周君：指周齐。

⑧ 陈瑶：江南人，明崇祯十四年（1641年）前，曾由南海县丞升署连山知县。见民国十七年（1928年）《广东连山县志》卷五《职官志》。

⑨ 郎官上应列宿：《后汉书·显宗孝明帝纪》记载："馆陶公主为子求郎，不许，而赐钱千万。谓群臣曰：郎官上应列宿，出宰百里，苟非其人，则民受其殃。"郎官责任非轻，用之非人则百姓受害。

⑩ 锡爵：xījué，赐予爵位。

⑪ 内转：地方官上调中央政府任职。《晋书·李密传》云："密有才能，常望内转，而朝廷无援。"

⑫ 膺：yīng，接受，承当。

敏足以佐政，廉、恕可以弘仁，又何有尸位①贻讥②与？续志《县令》。

前代无考。

宋

邵简，乾德元年（963 年）任。

区兴，淳熙七年（1180 年）任。

韩伋，嘉定元年（1208 年）任。

［元］

何再兴，至治元年（1321 年）任。

明

薛当，洪武十四年（1381 年）任。

彭伟，永乐元年（1403 年）任。

童学，永乐六年（1408 年）任。

于友贤，永乐九年（1411 年）任。

毛瑛，高安人，永乐十七年（1419 年）任。

曾恕，赣县人，宣德三年（1428 年）任。

俞宽，仁和人，宣德五年（1430 年）任。

萧显，淮安人，举人，宣德八年（1433 年）任。

李芳，临桂人，举人，正统元年（1436 年）任。

蒋芳，全州人，正统五年（1440 年）任。

余庆，浮梁人，正统九年（1444 年）任。

秦组，临桂人，十三年（1448 年）任。

黄坚，（欧）［瓯］宁人，举人，景泰四年（1453 年）任。

---

① 尸位：占着职位而不做事。

② 贻讥：yíjī，招致讥讽与责难。

邵希节，临桂①人，景泰五年（1454 年）任。

张能，武冈人，景泰六年（1455 年）任。

孔镛，长洲人，进士，天顺三年（1459 年）任，名宦。

李和，德化人，成化二年（1466 年）任。

唐敏，仁化人，成化四年（1468 年）任。

邹员，建安人，举人，成化八年（1472 年）任。

蒙晟，藤县人，成化十年（1474 年）任。

辛贵，桂平人，举人，二十一年（1485 年）任。

黄荡，莆田人，弘治二年（1489 年）任。

莫鲁，灵川人，弘治四年（1491 年）任。

余善，全州人，弘治五年（1492 年）任。

林高，罗源人，弘治八年（1495 年）任，名宦。

施学，余饶人，举人，弘治十七年（1504 年）任。

杨瑛淑，郁林人，弘治十八年（1505 年）任。

许玘，象州人，正德四年（1509 年）任。

蒋贤，兴济人，正德七年（1512 年）任。

孙明，安禄人，正德十年（1515 年）任。

叶金，宜山人，举人，十二年（1517 年）任。

龚衡，邵武人，正德十四年（1519 年）任。

童耿，施州人，嘉靖七年（1528 年）任。

林炳，闽县人，举人，嘉靖八年（1529 年）任。

刘慎，大庾人，嘉靖九年（1530 年）任。

李荣，邵州人，嘉靖十二年（1533 年）任。

胡淮，藤县人，举人，十七年（1538 年）任。

王槐蜜，赣县人，举人，二十年（1541 年）任。

熊瑞，道州人，二十五年（1546 年）任。

王镗，麻城人，三十年（1551 年）任。

袁光，都昌人，三十三年（1554 年）任。

---

① 据民国十七年（1928 年）《广东连山县志》卷五《职官志》补。

林志寅，闽县人，举人，三十五年（1556 年）任。

周希文，富川人，举人，四十一年（1562 年）任。

俞绍文，贵州人，举人，四十三年（1564 年）任。

蒋元倬，北流人，举人，隆庆二年（1568 年）任。

张延熙，临桂人，举人，隆庆六年（1572 年）任。

周凤来，临海人，举人，万历元年（1573 年）任。

曹学参，全州人，举人，万历三年（1575 年）任。

庄诠，晋江人，万历五年（1577 年）任。

蒋在朝，全州人，恩贡①，万历八年（1580 年）任。

宋大韶，苍梧人，举人，十一年（1583 年）任。

黄光，衡阳人，万历十四年（1586 年）任。

蔡元旦，莆田人，举人，十八年（1590 年）任。

欧阳梯，宜黄人，举人，二十二年（1594 年）任。

林裕阳，长乐人，举人，二十五年（1597 年）任，名宦。

蔡献清，武昌人，举人，三十三年（1605 年）任。

万年居，新喻人，举人，三十三年（1605 年）任。

马希忠，贺县人，三十五年（1607 年）任。

何其敏，（夥）［黔］②县人，三十八年（1610 年）任。

涂表，漳浦人，举人，万历四十年（1612 年）任。

汤思敬，漳浦人，举人，四十三年（1615 年）任。

吴世卿，建昌人，贡生③，四十六年（1618 年）任。

杨崇忠，剑州人，举人，四十七年（1619 年）任。留心民瘼，见连苦瑶患，详请征剿。与巡道潘合谋，密调蔡都司直捣贼巢。贼惧，乞抚。侯勒其缚献首，乱瑶自是敛迹，民赖以安。迄今谈驭瑶者，咸称侯之剿抚得宜云。

张赓，晋江人，举人，天启五年（1625 年）任。

---

① 恩贡：也称"恩贡生"。明清科举制度规定，每年由府、州、县选送廪生入京师国子监肄业，称为岁贡。凡遇皇帝登极或其他庆典而颁布恩诏之年，除岁贡外，再加选一次，称为"恩贡"。

② 据光绪《广州府志》卷22《职官表六》改。

③ 贡生：明清科举时代，挑选府、州、县生员中成绩或资格优异者，升入京师国子监读书，称为贡生。明代有岁贡、选贡、恩贡等；清代有恩贡、拔贡、岁贡等。

苏庚新，龙溪人，举人，崇祯二年（1629 年）任。

戴时选，梁山人，举人，崇祯二年（1629 年）任。

余懋俨，临海人，举人，崇祯八年（1635 年）任。

朱若迖，桂林人，举人，十四年（1641 年）任，有传。

朱永年，广府经历①，十六年（1643 年）委任。

陈熙廷，严州人，举人，十七年（1644 年）任。性俭约，布衣蔬食。甫下车，询民疾苦，兴利革弊，井然有条。公余，惟与诸士课文②，以清廉擢象州知州③。及去任，行李萧然④，有寒士所不堪者，人至比之海忠介⑤云。

国朝

徐琪玿，福建晋江人，顺治四年（1647 年）委任。

吴道岸，江南江都人，顺治七年（1650 年）委任。

方大用，湖广黄州人，十一年（1654 年）委任。

王祚昌，河南汝宁人，副榜⑥拔贡⑦，顺治十二年（1655 年）任。立（峰）［书］⑧社以兴文教，惩奸究以安地方。公余之暇，雅多著述，详《诗文》条内。

鹿应瑞，盛京蓟州人，顺治十四年（1657 年）委任。

曹振熺，盛京三河人，乙酉（顺治二年，1645 年）副榜，十六年（1659 年）任。

康霖生，河南磁州人，进士，康熙五年（1666 年）任，有传。

---

① 府经历：职官名，知府的属官，主管出纳文书事。

② 课文：课，本义为考核、考查，引申为推求研讨之意。所谓课文，就是考核研讨文章。

③ 知州：古代官名。宋代以朝臣充任各州长官，称"权知某军州事"，简称知州。明清两朝，知州为行政区的固定官职。明清两代的州分为直隶州和散州。直隶州直接属省，散州隶属府。知州属官有同知、通判，分别掌财政、刑法和治安等。明代知州从五品，月俸十石。属州的待遇与县同等，直隶州的待遇与府同等，但品秩不同。

④ 萧然：形容空虚，没有任何值钱的东西。

⑤ 海忠介：即明代嘉靖时期著名的清官海瑞，今海南省海口市人。

⑥ 副榜：科举考试中在正式录取的正榜外，另选若干名附加榜示，也叫"备榜"。

⑦ 拔贡：清初规定每六年一次由各省学政考选本省生员择优报送中央参加考试，合格者为拔贡，清乾隆七年（1742 年）改为每十二年一次。名额是每府学二名，州、县学各一名。

⑧ 据民国十七年（1928 年）《广东连山县志》卷五《职官志》改。

李传甲，陕西人，增城县佐拔贡，康熙六年（1667 年）委任。清净廉洁，与民无扰。作兴学校，爱民如子，连民至今思之。

郎廷俊，三韩人，旗下官生，康熙八年（1669 年）任。重修衙署，更新庙像。疏通盐引，详蠲杂派①。

万成章，湖广麻人，南海县佐②，十三年（1674 年）委任。

张化凤，河南人，十四年（1675 年）任。

孙昌绪，江南当涂人，二十年（1681 年）任。

李德明，湖广巴陵人，布政司照（厅）［磨］③，二十二年（1683 年）署任。

萧象韶，福建将乐人，癸卯（康熙二年，1663 年）科举人拣选，康熙二十三年（1684 年）任。

刘允元，顺天大兴人，岁贡，康熙二十八年（1689 年）任。

县　尉④

旧《志》曰："一命之士⑤，存心爱物，必有所济。"志《县尉》。

王祚昌曰："尝读《汉书》，鲁公有言：'爱民者必有天报。'然则不爱民者可知矣。令尹⑥、县尉皆亲民之官也，得无意于天报乎？尉以佐政，非徒奉行，原有赞勷⑦之义。故唐宋间，虽进士科，多由此中发轫⑧。自是之后，

---

① 详蠲杂派：详是下级官员对上级报告的一种公文。蠲，juān，减免，免除。此为向上级请求免除百姓的杂派。

② 县佐：古代辅佐县令官员之统称。

③ 照磨：官名。"照刷磨勘"的简称。元代以后设置的掌管宗卷、钱谷的属吏。

④ 县尉：官名。位在县令之下，主管治安捕盗之事。

⑤ 一命之士：意为朝廷的命官。

⑥ 令尹：春秋战国时楚国执政官名，相当于宰相。此处泛称府县等地方行政长官。

⑦ 赞勷：勷，xiāng，帮助。辅助、协助。

⑧ 发轫：比喻新事物或某种局面开始出现。

人鲜卓立，则为尉始轻。射鸭①风清，能无望于杰出者。"续志《县尉》。

前代无考。

宋

颜纯，端平元年（1234 年）任。

王道夫，番禺人，进士，（端平）[咸淳]② 四年（1268 年）任。

明

王大年，江西人，永乐元年（1403 年）任。

周杲，浙江人，永乐四年（1406 年）任。

宁爱，河南人，永乐十三年（1415 年）任。

郑泰，邢池人，永乐十七年（1419 年）任。

陈罕，石城人，永乐二十一年（1423 年）任。

马麟，怀安人，洪熙元年（1425 年）任。

刘伟，南康人，宣德五年（1430 年）任。

谢孚，泰和人，宣德七年（1432 年）任。

莫希孟，临桂人，宣德八年（1433 年）任。

秦文广，全州人，正统九年（1444 年）任。

李如禄，山西人，景泰五年（1454 年）任。

吴文，江西人，天顺四年（1460 年）任。

罗文福，福建人，天顺八年（1464 年）任。

陈德亨，玉山人，成化八年（1472 年）任。

辜进，新建人，成化十一年（1475 年）任。

郭昂，弋阳人，成化十三年（1477 年）任。

黄喜，浮梁人，成化十六年（1480 年）任。

苏纯，思明人，成化二十年（1484 年）任。

---

① 射鸭：唐代宫廷中一种女性常玩的游戏，众人将木制的鸭子放在水面，宫女们轮流用弓箭射之，中者为胜。

② "端平"改"咸淳"的依据是：（清）仇巨川纂，陈宪猷校注《羊城古钞》卷六《人物》（广东人民出版社，1993 年，第 471 页）。

黄训，政和人，成化二十三年（1487 年）任。

林桂，郁林人，弘治四年（1491 年）任。

罗衮，丰城人，弘治十二年（1499 年）任。

梁昇，宣化人，弘治十三年（1500 年）任。

何宗，晋江人，（宣化）［弘治］十七年（1504 年）任。

黎宁，苍梧人，正德八年（1513 年）任。

林汝明，莆田人，正德十一年（1516 年）任。

范永富，桂阳人，正德十四年（1519 年）任。

林良，莆田人，嘉靖二年（1523 年）任。

蒋诚，全州人，嘉靖八年（1529 年）任。

唐思满，融县人，嘉靖十七年（1538 年）任。

陈德卿，莆田人，嘉靖二十年（1541 年）任。

黄镐，怀安人，嘉靖二十六年（1547 年）任。

谢宗，莆田人，嘉靖二十八年（1549 年）任。

郑大本，莆田人，嘉靖三十一年（1552 年）任。

陈玉，莆田人，嘉靖三十六年（1557 年）任。

方和，莆田人，嘉靖三十八年（1559 年）任。

陈大宾，莆田人，嘉靖四十一年（1562 年）任。

蒋在樵，全州人，隆庆二年（1568 年）任。

李逢阳，临桂人，隆庆六年（1572 年）任。

涂伯光，新城人，万历六年（1578 年）任。

董子美，泾县人，万历九年（1581 年）任。

董成材，松溪人，万历十三年（1585 年）任。

方中科，福清人，万历二十二年（1594 年）任。

汪应召，宁国人，万历二十五年（1597 年）任。

黄邦英，兴化人，万历二十八年（1600 年）任。

夏德卿，永新人，万历三十四年（1606 年）任。

陈时中，莆田人，万历三十七年（1609 年）任。

赖祖耀，长汀人，万历四十年（1612 年）任。

蔡时兴，晋江人。

赵允叔，临安人。

张洪儒，晋江人。

吴昌，钟祥人。

余一鹭，上元人。

杨坤渊，安仁人。

鲁国臣，慈溪人。

徐建，江夏人。

陈奇恩，西充人。

国朝

陈国祚，福建闽县人，顺治四年（1647 年）委任。

张君明，浙江秀水人，顺治七年（1650 年）任。

窦毓凤，陕西临潼人，顺治十二年（1655 年）任。

周俊人，福建漳浦人，顺治十四年（1657 年）任。

虞朝臣，浙江山阴人，顺治十五年（1658 年）任。

张扩，顺治十七年（1660 年）任。

袁之隆，康熙七年（1668 年）任。

杨景明，陕西富平人，康熙二十二年（1683 年）任。

张腾龙，直隶顺天人，康熙二十九年（1690 年）任。

武培哲，陕西华州人，康熙三十二年（1693 年）任。

学　官①

　　旧《志》陈瑶曰："天下之治系才，才系学，学系教。是故学则三代②共之，而作之师，凡以董成材也。朱子曰：'教授之职，可谓难矣。'惟自任重而不苟者知之。盖以天子之命，教其邦之人士，非有以率励③化服之，厥职必不称。如躬问学，蹈绳矩④，进退不悖所闻，则存乎反身之谓⑤矣。"续志《学官》。

教谕⑥

　　前代无考。

明

　　宋明道，连州人，洪武十二年（1379 年）任。

　　周文奇，侯官人，举人，景泰三年（1452 年）任。

　　冷观，光泽人，天顺元年（1457 年）任。

　　李珏，宜山⑦人，成化八年（1472 年）任。

　　王积中，闽县人，举人，弘治六年（1493 年）任。

---

　　① 学官：古代泛指掌管学校教育之官员。又有"教官""校官""学博"等。汉朝设于中央机构者有博士、博士祭酒等。西汉武帝时令天下郡国皆立学官，掌理学政，教育诸生。东汉沿袭，其学官多称校官。西晋设国子祭酒、博士、助教，均属学官。隋唐时各有博士、助教，均谓之学官。而国子监祭酒等则称监官。宋代以后的提学、学政以及各级儒学的教授、教谕等均称学官。明清两朝对儒学学官等级进行了规定，属府者称教授，州称学正，县称教谕。各设训导为副职。

　　② 三代：夏、商、周皆设立学校，夏称校，商称序，周称庠。学校名称虽不同，但教学模式相同。

　　③ 率励：也作"率厉"，激励、勉励。

　　④ 绳矩：墨绳与矩尺。比喻规矩、标准。

　　⑤ 反身之谓：《周易·家人卦》曰："威如之吉，反身之谓也。"威严治家获吉祥，反身自省，约束自己。

　　⑥ 教谕：学官名。明清时期，县学均置教谕一职，掌文庙祭祀、教育所属生员。

　　⑦ 据民国十七年（1928 年）《广东连山县志》卷五《职官志》补。

蒋聪，道州人，正德三年（1508年）任。

陈轩，建宁人，正德七年（1512年）任。

杨诚，余姚人，正德十一年（1516年）任。

谢霁，（欧）［瓯］宁人，正德十四年（1519年）任。

邓谊，南城人，嘉靖七年（1528年）任。

郭愈华，泰和人，嘉靖十二年（1533年）任。

林旻，罗源人，嘉靖十九年（1540年）任。

汤伟，江西人，嘉靖二十三年（1544年）任。

熊汝麟，林州人，嘉靖二十五年（1546年）任。

何谕，古田人，嘉靖三十八年（1559年）任。

江鹤鸣，（欧）［瓯］宁人，嘉靖四十二年（1563年）任。

黄朝爵，邵武人，嘉靖四十五年（1566年）任。

邓亨，闽县人，隆庆元年（1567年）任。

廖致道，上杭人，隆庆五年（1571年）任。

李一龙，苍梧人，万历四年（1576年）任。

李伯第，高要人，万历六年（1578年）任。

黄制，归善人，万历八年（1580年）任。

杨蓁，四会人，万历十一年（1583年）任。

刘祖泗，龙川人，举人。

王宗孔，琼山人。

刘泽孚，归善人。

裔镗，宣化人。

熊仙，星子县人。

邓林桂，保昌人。

恽兹，武进人。

陆德，高要人。

余应璧，遂安人，万历四十一年（1613年）任。

周齐，宜山人，举人，万历四十四年（1616年）任。立社①作人，购

---

①　立社：建造生祠。《史记·季布栾布列传》云："燕齐之间皆为栾布立社，号曰栾公社。"

书课功，称能官者，今祀名宦，有传有诗，见《艺文》条内。

莫弘勋，昭平人，举人，天启二年（1622年）任。

游扬，澄海人。

邹士楷，临川人，举人。

国朝

江延祯，福建福州人，顺治四年（1647年）任。

沙耀金，江南扬州人，顺治十二年（1655年）任。

蒋学闵，全州人，举人，顺治十五年（1658年）任。

黄家时，程乡人，顺治十六年（1659年）任。

叶元龙，东（筦）［莞］人，岁贡，康熙二十年（1681年）任。

陈树屏，普宁人，举人，康熙三十一年（1692年）任。

训导

明①

蒙玙，莆田②人，景泰五年（1454年）任。

田赋，邵武人，景泰七年（1456年）任。

刘顺，□□人，成化十七年（1481年）任。

曹泰，上杭人，弘治元年（1488年）任③。

鲁稷，新淦人，弘治十四年（1501年）任。

潘玙，浔州人，正德四年（1509年）任。

莫汝廉，临桂人，正德十二年（1517年）任。

王俭，全州人，正德十四年（1519年）任。

李槐，永新人，嘉靖二年（1523年）任。

祝显，邵武人，嘉靖十二年（1533年）任。

林岱，龙溪人，嘉靖十八年（1539年）任。

邢质，端州人，嘉靖二十三年（1544年）任。

---

① 明：原在"蒙玙"与"田赋"之间，现据体例排此。
② 据民国十七年（1928年）《广东连山县志》卷五《职官志》补。
③ 据民国十七年（1928年）《广东连山县志》卷五《职官志》补。

罗绁，连州人，嘉靖三十年（1551 年）任。

李玟，武平人，嘉靖三十三年（1554 年）任。

袁珍，建阳人，嘉靖三十八年（1559 年）任。

李金，瓯宁人，嘉靖三十九年（1560 年）任。

王全，安仁人，嘉靖四十一年（1562 年）任。

林效宾，莆田人，嘉靖四十五年（1566 年）任。

郑世器，闽县人，隆庆五年（1571 年）任。

左大谏，瓯宁人，万历二年（1574 年）任。

叶时新，信宜人，万历七年（1579 年）任。

曾兆璋，曲江人。

梁光曾，信宜人。

谢必恭，连城人。

董子方，晋江人。

章文纪，龙溪人。

蔡一慎，澄海人。

欧阳镔，恭城人。

梁翰，饶平人。

王秉正，琼山人。

蒋继光，灌阳人。

李文龙，惠来人。

王日逵，高要人。

黄如麟，海阳人。

郭一骅，翁源人。

国朝

林磐，福建人，恩贡，顺治十二年（1655 年）任。

梁起麟，恩平人，顺治十三年（1656 年）任。

尹龙光，保昌人，拔恩，顺治十五年（1658 年）任。

黄家时，程乡人，顺治十七年（1660 年）任。

赖德星，始兴人，康熙七年（1668 年）任。

梁园雪，顺德人，康熙十八年（1679 年）任。

陈大猷，新会人，岁贡，康熙二十年（1681）任。

戴元勋，始兴人，岁贡，康熙二十四年（1685 年）任。

吴宪章，昌化人，岁贡，康熙二十七年（1688 年）任。

林运丰，平远人，岁贡，康熙二十九年（1690 年）任。

林相，平远人，岁贡，康熙三十年（1691 年）任。

谭元第，始兴人，岁贡，康熙三十七年（1698 年）任。

宜善司巡检

前代无考。

国朝

魏湘，江西瑞金人，顺治十三年（1656 年）任。

黄世卿，江西南昌人，十五年（1658 年）任。

吴芳，浙江山阴人，十七年（1660 年）任。

谢师明，浙江绍兴人，康熙十年（1671 年）任。

张之彦，北直人，康熙十二年（1673 年）任。

汤升，浙江钱塘人，十四年（1675 年）任。

陈煃，浙江人，二十年（1681 年）任。

武职

国朝

连阳营①分防连山县城守左哨千总②。

周士贵，北直人，康熙三年（1664 年）到营管事。

郑嘉猷，韶州人，十六年（1677 年）到营署事。

陈贤，新安县人，十七年（1678 年）到营管事。

---

① 营：清代军事单位。清朝中央为控制兵权而实施"以文制武"策略，即以文臣督抚监督和节制武官提督、总兵。各省视情况设数镇，每镇设总兵一员，总兵之上设提督，节制一省或数省的镇总兵。巡抚兼提督者有权节制所属各镇。巡抚、提督之上设总督，节制一省或数省的巡抚、提督和总兵。总督、巡抚、提督和总兵均各有直属亲兵，统称本标，分称总督标、巡抚标、提督标、总兵标，简称督标、抚标、提标、镇标。标辖 2~5 营，分称中、左、右、前、后营，居中镇守，以备征调。镇辖协，由副将节制。协下设营，按地势险要编数十人至千余人不等，以守备地名命名，由参将、游击、都司、守备分别统管。营下设汛，每汛数人至数十人不等，由千总、把总统领。提督以下将领只有统兵权，无调兵权，军令受总督和巡抚节制，兵权归于朝廷。

② 千总：明初京军三大营置把总，嘉靖中增置千总，皆以功臣担任。以后职权日轻，至清为武职中的下级，位次于守备。

刘名扬，沈阳人，康熙二十六年（1687年）到营管事。

唐拔昂，三水县人，康熙三十一年（1692年）到营管事。

分汛各隘营兵

黄莲营百总一名，何表乾，兵五十名，属连州官兵。

上帅隘管队一名，曾旺，兵一十五名，乡勇二十名。

抛石坳隘管队一名，黄瑞，兵一十五名，乡勇二十名。

龙水尾隘管队一名，黄永，兵一十名，乡勇二十名。

余高岭汛把总①一员，陈元，兵五十名。

［清］康熙二十年（1681年）后，连山城守官②一员，系连阳营左哨千总，调防兵丁九十二名，亦系连阳营调御，通共马步官兵九十三员名，岁支饷银一千三百五十两，俱在连阳营请领会散。迨康熙二十五年（1686年）十一月内，奉文添设余高岭汛防守把总一员，马步官兵共五十名，原系连阳营内抽拨，岁支兵饷，该把总径赴该营请领。

名　宦

连邑山高水清，莅斯土者，先后廉洁耿介，循良著绩，较他邑为最。论者谓县城所招，归功于地脉，是耶？非耶？惜前《志》绝笔既久，遗失实多。即今父老间有传闻，然语焉而不详，不能为之立传，使湮没罔纪，良可忾息③。兹据旧乘所称，孔、林、周、朱三四君子，俱有卓异殊猷，功非一日，殆亦时（执）［势］使然。彼暇豫④优游，虽若平平无奇，其功

---

　　① 把总：明朝之基层领兵官。分设于京军三大营及各地总兵之下，属京营三大营者，位在千总之下，设于永乐末年；属总兵者，位在守备之下，无品级，无定员，分属所领之兵。

　　② 守官：应为"守备"。明朝镇守地方之武官，在总兵之下，无品级，无定员。清朝绿营军官，即营之最低级统兵官，位于都司之下。

　　③ 忾息：kàixī，表示叹息。

　　④ 暇豫：xiáyù，也作"暇誉"，指闲暇的时间。意思是悠闲逸乐。

德宁出其下耶？论世者当具识眼焉。爰作名宦传记，以志实迹，亦为后起者之则效云。

孔镛，字昭文，直隶长洲人。甲戌（明景泰五年，1454 年）进士，始令南康、都昌，以内艰①去，改任连山。时县为流贼所破，据为巢穴，官吏人民多被杀掳，余皆流徙他郡。镛既至，依州而居。始召邑之父老，相与体访民之疾苦，招抚流离，民始渐集。乃募勇敢，训练义旅，缺食者赈以官廪②，失业者拨废间之田俾垦焉，缺牛种则官为给之，而民食始继。天顺六年（1462 年）春，大兵征诸蛮峒，镛率义兵先为向导，首破贼巢，大兵继之，始复县境。乃迁县出于鸡笼山，城而守焉，民始有凭依。创衙署及学与坛壝诸司铺，官始有居守。凡克贼垒，先拘贼所俘虏男妇于一所，兵不敢及，民赖以全。招抚瑶众，归为齐民。疏凿井泉，通长迳山路，便民之政，无不毕举。未几，以功擢高州，百姓如失父母。厥后官至兵部侍郎。

林高，福建罗源人。［明］弘治八年（1495 年）任。劳心抚字，敷政宽平。县自改设以来，百凡草创。高视邑如家，悉意综理，学廨③县署，焕然改观。人谓"镛之后，不可无高也"。

旧《志》陈瑶曰："州有刺，县有令，代不乏人。顾求其表表④，当年儿童、父老莫不称悦之者。在州则曹公镐⑤，在县则孔公镛。夫二公功德在人，信足与连俱不朽，而并为吴人⑥。瑶幸生同其地，而兹以代庖⑦来连，窃喜流风善政，尤亲质之。然而高山景行⑧，则瑶又愧其为吴产矣。"

王祚昌曰："吏治之盛，莫过于汉。当时贤守令，率赐高冕露车⑨以荣

---

① 内艰：古代称遭母丧为内艰，也称"内忧"，子女需要守孝。
② 官廪：国库里的粮食。
③ 学廨：学校教学、办公的地方。
④ 表表：突出，出众。指杰出之人。唐代韩愈《祭柳子厚文》云："子之自著，表表愈伟。"
⑤ 曹公镐：即曹镐。据清乾隆《连州志》卷六《名宦》记载，曹镐，字会周，直隶长洲人，进士，明弘治九年（1496 年）任连州知州，受到州民爱戴，编纂《连州志》。
⑥ 吴人：指苏州府长洲人。苏州是历史上吴越文化的核心区。
⑦ 代庖：dàipáo，指代厨师下厨。比喻代做他人分内的事。
⑧ 高山景行：高山，比喻道德崇高；景行，大路，比喻行为正大光明。值得效法的崇高德行。
⑨ 高冕露车：高冕，高官戴的礼帽；露车，无帷盖的车子。意为享受国家给予的高规格荣誉。

之，岂有畸术与？何晚近之累累若若①者，甘让美于畴昔耶？武穆②有言：‘文官不爱钱，武官不怕死，则天下太平矣。’旨哉言也！连山虽陋，亦俨然邑也。土瘠民贫，爱养宜先。有司抚字维艰，则掬指生哗矣。求其留甘棠③、桐乡④之遗爱者，孔、林二公称最焉。步趋者宁瞠乎其后耶？昌待罪兹地，阅期有余，仰止高风⑤，窃有志焉而未之逮。无所长短之效，亦可见于此矣。”

林裕阳，号怀琼，福建长乐举人。［明］万历二十五年（1597 年）任。理邑事也，不啻家事视之。正俗有书，以端连民之趋；课文有会，以进连士于成。诸如苏里甲，革陋规，难以枚举。饮冰茹檗⑥，五年如一日。民兴棠茇⑦之思，久议芹墙⑧之祀云。

周齐，字思韶，宜山举人。［明］万历四十四年（1616 年）任。实心造士，雅志作人，立文社⑨而精品骘⑩，购书籍而备钻研，迄今文运渐开，思韶厥功不朽。自有连庠拥皋比⑪而称能官者，推之为首。

朱若迄，广西靖江府宗室之裔，登乡榜。初任连山，清廉多善政。甫下车，即题请剿瑶，疏凡再上，动五省官兵粮饷。时上台因循，嫌其生事，公毅然不顾，劳心焦思，憔悴形于颜色。后将官受贿，以抚结局，公愤懑而逝。连民如丧慈母，莫不流涕。

康霖生，字泽含，号巅庵，彰德磁州人。己亥（清顺治十六年，1659

---

① 累累若若：此处形容官吏众多。

② 武穆：岳飞，南宋抗金名将、军事家。死后被朝廷谥"武穆"，后又追谥忠武，封鄂王。

③ 甘棠：称颂循吏的美政和遗爱。《史记·燕召公世家》记载："周武王之灭纣，封召公于北燕……召公巡行乡邑，有棠树，决狱政事其下，自侯伯至庶人各得其所，无失职者。召公卒，而民人思召公之政，怀棠树不敢伐，歌咏之作《甘棠》之诗。"

④ 桐乡：誉扬官吏廉洁爱民，受人敬爱。《汉书·循吏传》载：庐江人朱邑"少时为舒桐乡啬夫，廉平不苛，以爱利为行，未尝笞辱人，存问耆老孤寡，遇之有恩，所部吏民爱敬焉"。及死，葬于桐乡，百姓立祠，岁时祠祭。

⑤ 仰止高风：仰止，仰慕，向往；高风，指高尚的品德。比喻对具有高尚品德的人的仰慕。

⑥ 饮冰茹檗：yǐnbīng-rúbò，生活清苦，为人清白。

⑦ 棠茇：tángfèi，棠梨树木茂盛、浓荫覆蔽。比喻惠政。

⑧ 芹墙：芹指学宫泮池种植的水菜。指在学宫中立墙。

⑨ 文社：指志趣相投的文人所结成的团体，以切磋文章为主。

⑩ 品骘：评论高低。

⑪ 皋比：铺设虎皮座位。古代将帅的军帐、儒师的讲堂、文人书斋中常用之。此处指占据学师的席位。

年）进士。初任连山县，为人坦率，乐易可亲。甫下车，励精剔弊，风纪肃然。先是，各乡钱粮俱设保家催收，里户不敢亲赴县庭，上下阔绝①，弊多中饱，连年逋欠，不能清结。公廉察其故，革去保家，设木牌，号曰"木皂隶"。凡催征及词讼，令持此牌投到，讼者不费钱粮称纳，杂用俱省，民咸称便，自是输纳无缺。公朴而俭，每蔬食粗粝，劳不乘舆，暑不张盖②，犹精武艺，善骑射，膂力③过人。及与诸生论文说书，霏霏玉屑④，无不解颐⑤。迁建学宫，培植士林，省刑薄敛⑥，矜恤⑦黔首。在任一年，以丁艰⑧去，童叟流涕，祖饯⑨数十里外。

张侯，讳化凤，号羽皇，中州河内人。为人长厚，慈惠爱众。初为广州司狱⑩，有冤者，公廉访其情，咸代请命，即诸上台不忌讳，侃侃言之，悉得昭雪，存活者甚众，事载《司狱传》中。作《金石录》以劝世，上台咸动容敬礼，不以小吏轻公。擢连山县令。方当楚、粤交讧⑪，排瑶乘乱窃发，人心风鹤。公至，安辑百姓，镇定边防，单骑亲诣瑶排，晓以祸福，诸瑶感激，五六年民获安枕。［清］康熙十四年（1675年），粤西伪将军孙延基兵围连州，众至万余。时邑城空虚，人心汹汹，或劝公暂避其锋，公不为动。延基闻公清廉，亦不犯境，连赖安堵⑫。公待士爱民，皆出至诚，俭约省费，讼狱不兴，刑措⑬不用。虽屡年军兴，征饷加派，民纵罢疲，俱勉力输纳，不敢累公。公亦每为民申请于上，或蠲销⑭，或告减，至再

---

① 上下阔绝：指上下级之间断绝信息往来。

② 张盖：张开伞盖。

③ 膂力：lǚlì，指体力，力气。

④ 霏霏玉屑：形容雪花纷飞。此处比喻滔滔不绝的美妙言辞。

⑤ 解颐：jiěyí，开颜欢笑。颐，面颊。

⑥ 省刑薄敛：减省刑法，薄收赋税。

⑦ 矜恤：怜悯抚恤。

⑧ 丁艰：又称"丁忧"，也称"丁家艰"。指遭逢父母丧事。《晋书·周光传》记载："陶侃微时，丁艰，将葬，家中忽失牛而不知所在。"

⑨ 祖饯：古代饯行的一种隆重仪式，先祭路神，然后在路上设宴为人送行。

⑩ 司狱：掌管刑狱的官员。

⑪ 交讧：jiāohòng，交相骚扰作乱。

⑫ 安堵：安定和安居。

⑬ 刑措：也作"刑错""刑厝"。意为置刑法而不用。

⑭ 蠲销：juānxiāo，消除。

至三，不得已而后征派。严私宰，均烟灶，劝农桑，立社学，禁服毒，赈饥民，讲六箴①，清瑶税，助婚丧，捐资迁建学宫，修理桥梁道路，兴利剔弊，知无不为。且谦冲自处②，毫无德意③。性纯孝，因母年老，乞请终养。上台嘉其孝思，不夺其情，连人攀留，不听。

说：王祚昌曰："清朝一统，百度维新，设官分职，各期靖共尔位④，精白乃心⑤，不负吾民则不负吾学，不负吾学则不负吾君矣。"士君子家修德业，出显谋猷，原期致君泽民，非徒博名高、鲜实行也。果能存心恺恻，敷政⑥优优，奖进英才，模楷凛凛，自是乐只⑦兴歌，斗山⑧仰止矣。连山自孔、林诸公而后，求其留心民社、雅意作人者，指不多屈，则继起而茂著循良，作型后学，当思所以励之矣。其可让美于前欤！其可让美于前欤！

---

① 六箴：应为明太祖朱元璋教化百姓的"圣训六条"，即"孝顺父母，恭敬长上，和睦乡里，教训子孙，各安生理，毋作非为"。清康熙时在此基础上扩大为《圣谕十六条》，又称"圣谕广训"。

② 谦冲自处：谦冲，谦虚；自处，自我修养。比喻谦虚谨慎，自我克制。

③ 德意：自以为对人有恩德而表现出来的神色。

④ 靖共尔位：恭谨从事，忠于职守。《诗·小雅·谷风》云："嗟尔君子，无恒安处。靖共尔位，正直是与。"

⑤ 精白乃心：精白，精纯而洁白无瑕。多为帝王期望臣子忠贞不渝的言辞。

⑥ 敷政：fūzhèng，意思是布政，施行教化。

⑦ 乐只：只，助词。快乐，和美。《诗·小雅·南山有台》云："乐只君子，邦家之基。乐只君子，万寿无期。"

⑧ 斗山：北斗和泰山。比喻德高望重或成就卓越、为人们所敬仰的人。

卷六　科目志

陈瑶曰："士固不以科名重，然须不愧夫科名。"《易》曰："观国之光，利用宾于王①。"作《科目②志》。

国家养育人材，原以匡勷③盛治。故虞朝④载采，周家宾兴⑤，命名不同，效职则一。自汉兴以射策⑥取士，而唐、宋因之，遂有科目之名。然得真才，期实用，虽不尽出于科目，然亦多由科目。连山僻在一隅，风淳俗雅，而科目寥寥，似乎行有余而文不逮矣。纵尼山⑦造士，重行而轻文，至历代遴才，则先文而后行，诸士其尚因时加勉欤！作《续科目志》。

进　士

自隋始置进士科，天子自诏曰：制举所以待非常之才也，与其选者指日清显，快竖建⑧之期，阶荣进之路，文章德业，炳炳烺烺⑨，有志诵读者，咸欣慕焉。连则黄君匪躬⑩而后，渺无闻矣。岂古今人之不相及欤？作《续进士志》。

---

① 观国之光，利用宾于王：观察国家的社会风气、人文风光，就可了解君王是否宾礼下贤，礼贤下士；也可知道国家对知识和人才的重视程度。

② 科目：中国古代分科取士的名目，始自隋唐。即指科举考试制度。

③ 匡勷：即劻勷，kuāngráng，帮助，辅助。

④ 虞朝：即传说中的舜建立的朝代。周家则指周武王建立的周朝。

⑤ 宾兴：原为周代举贤之法，由乡大夫自乡小学荐举贤能而宾礼之，以升入国学。隋唐实行科举制时，地方官设宴招待应举之士。亦指乡试。

⑥ 射策：汉代选士取士的考试方式。类似抽签考试，由应举者用矢投射简策，解释射中的简策上的问题。

⑦ 尼山：孔子的诞生地。位于今山东省曲阜市东南，原名尼丘山，因孔子父母在此孕育孔子，故孔子名丘、字仲尼。后人避孔子讳，称为尼山。此处指孔子。

⑧ 竖建：又作"树建"。建立，树立。

⑨ 炳炳烺烺：bǐngbǐnglǎnglǎng，光亮鲜明。形容文章辞采声韵之美。

⑩ 黄君匪躬：指黄匪躬，沙坊村（今连州市西岸镇）鹅冈人，唐僖宗光启三年（887年）考取进士，后仕后梁，为江西节度使钟达掌奏记。

唐

光启丁未（三年，887 年）科，黄匪躬。

国朝

康熙壬戌（二十一年，1682 年）科，洗国幹①。

举　人

《周官》："三年则大比②，考其德行道艺，而兴贤者、能者，与其众寡，以宾礼礼之。"厥明乡老及乡大夫群吏献贤之书于王，则乡举之典所由来矣。"槐花黄，举子忙③"，诸士能无动念也耶？作《续举人志》。

明

永乐甲午（十二年，1414 年）科，石坚，兴业 [县] 训导。
宣德己酉（四年，1429 年）科，成胜，经魁④，博白县教谕。

国朝

武举
康熙丙午（五年，1666 年）科，何如宠。

---

① 洗国幹：据清道光《广东通志》卷七十七《选举表十五·进士》记载，洗国幹，原南海人，寄籍连山，清康熙二十一年（1682 年）考取进士，任直隶深州武强县知县，后寓居广州府。
② 大比：隋唐以后泛指科举考试。明清时期，每隔三年举行一次乡试，称大比，考中者叫举人。
③ 槐花黄，举子忙：唐代科举考试结束后，未中进士的考生并不离开京城长安，而是借住闲宅、寺院，撰写新文，投献给有关官员，以求举荐。时正值槐花泛黄时，故有此俗语。唐代李淖《秦中岁时记》记载："进士下第，当年七月复献新文，求拔解，曰'槐花黄，举子忙'。"此处形容考生准备科举考试。
④ 经魁：明清科举考试分五经取士，每科乡试及会试前五名，分别于五经中各取其第一名，称"经魁"。

康熙壬子（十一年，1672 年）科，叶兆熊。

康熙戊午（十七年，1678 年）科，布奕彬。

康熙甲子（二十三年，1684 年）科，梁谊。

说：陈瑶曰："汉丞相弘①请为博士②官，置弟子五十人，称彬彬多文学之士。"今连山虽小，计诸士几百人。而己酉（明宣德四年，1429 年）以后，乡书③遂寥寥焉，岂今之士不逮昔欤？是在诸士能自励尔。

王祚昌曰："明自开国以来，乡书仅见午、酉二科。噫，陋矣！说者谓，石成发轫④时，邑在程山下，程山风水秀丽故也。"自迁象山后，遂无继其响者，此与罪地理何异？士患不自奋耳，尽其在我，足以造命，志岂为形家⑤阻哉？虽然士不兴行，良有司之耻也。作人之责，其必有所归矣。

贡　士

陈瑶曰："周纪，诸侯贡士天子，而天子因以行赏罚。汉制，二千石⑥选文学，谒太常⑦。宋太学生时伏阙⑧上书，陈说时政，人至比之御史台⑨。我朝罢唐宋以下诸科，惟进士与贡并重，则有司岁贡一士，甚盛典也。"志《贡士》。

---

① 弘：公孙弘，字次卿，今山东省人。西汉武帝时的丞相。汉武帝元朔五年（前 124 年）拟定"五经博士"为官，制定以儒家经学、礼义为标准的升官办法和补官条件。

② 博士：古为官名。秦汉时是掌管书籍文典、通晓史事的官职，秩比六百石，后成为学术上专通一经或精通一艺、从事教授生徒的官职。

③ 乡书：周制，乡学三大比，乡老与乡大夫荐乡中贤能之书于王，谓之"乡书"。后世科举因以"乡书"代指乡试中式者。

④ 石成发轫：指明初石坚、成胜中举，为连山科举中举之起点。

⑤ 形家：旧时以相度地形吉凶，为人选择宅基、墓地为业的人，也称堪舆家、风水先生。

⑥ 二千石：汉制，郡守俸禄为二千石。世因称郡守为"二千石"。

⑦ 太常：职官名。掌礼乐郊庙社稷礼仪事宜，秦时置奉常，汉更名为太常，历代沿用之。

⑧ 伏阙：fúquè，拜伏于宫阙下。多指直接向皇帝上书奏事。

⑨ 御史台：古代官署名，汉至元朝设置的中央监察机构。御史台到明代改称都察院，一直沿用至清末。

考唐制，取士首崇诗赋、明经①二科，诚以士从牖下探讨寻论，皓首专门，始克通贯。词赋犹属声律之学，而经则圣贤理蕴、帝王道法咸在焉。其坐学起行，非同卤莽宜。连之膺是选者，树建时有可观。作《续贡士志》。

[明]

唐安，浙江都司断事②。	蒋以真，罗城县主簿。
周启源，黎平驿驿丞③。	石璞，麻龙县典史。
陈勉。	廖勤。
石温。	李顺。
唐凤，河间卫经历。	沈安。
陈和，兴化府知事。	唐亨，连城县县丞④。
邓真，广西经历。	蒋瑛，岷府举祀正。
邓俊，潮州府检校⑤。	石锷，灵川县主簿。
唐材，果化州吏目⑥。	李通，瑞金县训导。
廖明，镇安府经历。	吴俨。孙伯汪，见《州贡》。
廖大。	梁璧，仪封县县丞。
陈秉玉，岷府典仪⑦。	陈瑛，长汀县主簿。
陈琮。	邵明。
杨胜。	罗宗伯。
姚铿。	陈勋。
杨凤。	梁谦。

---

① 明经：唐代科举制度中设有明经科，主要考试经义。明经之别有五经、三经、二经，也有学究一经。

② 断事：明代卫所中负责诉讼审理的官员。

③ 驿丞：明清各州县设驿站之地多设有驿丞，掌管驿站的仪仗、车马、迎送，不入品。

④ 县丞：明代县衙内仅次于县令的官员。

⑤ 检校：是一种属官，明代从中央部院到地方府衙皆设此官。

⑥ 吏目：官名。明代各州置吏目一人，从九品，掌出纳文书或分领州事。

⑦ 典仪：官名。明代分封各地的王府设有典仪所，置典仪正一人，秩正九品，掌陈仪式之事。其副职有典仪副一人，秩从九品。

冯瑞。

李光，福建邵武卫经历，迁临青州同
知①，有敕封。

陈纪。

康性和。

张铨，连州人，仕分远教，白邻媪之冤，而却其谢金。子叔庠，州庠
举人，见《州志》。

马雍。

苏胜。

石淮，宣尉都事②。

黄绍俊，南京都督府经历。

马应祥，连州人，由县学贡南太学国子生。子元东以子象乾贵，封侍
御史③。

李敦临，襄阳县知县。

石世科，奉化县主簿。

萧应需，[广] 西容县知县。

黄汝中，吉安府教授，子启贡于州。

杨希圣，荆府典簿④。

姚洲。

石大護，奉义州判官。

黄一魁。

吴山，石城县教谕。

吴天秩。

冯胜，感恩县训导。

江应霄。

黄世举，桂林府训导。

陈语，浦城县主簿。

邓泗。

周鸿。

虞寀，宜善县县丞。

雷云翰，建平县县丞。

陈惟珪，松溪县知县。

姚梦祥。

邓沛⑤，化州学正⑥。

常经，合浦县教谕。

李元健，开建县教谕。

李学闵，潮阳县教谕。

彭希商，南安训导。

虞焕，郧西县知县，祀乡贤，有传。

---

① 同知：官名。明代知府的副职，正五品，因事而设，无定员。同知负责分掌地方盐、粮、
捕盗、江防、海疆、河工、水利以及清理军籍、抚绥民夷等事务。

② 宣尉都事：明代掌管少数民族事宜的宣慰使属官，正八品，协助处理日常事务。

③ 侍御史：明代都察院的官员。

④ 典簿：古代官职。元代朝廷官署如国子监、翰林兼国史院等皆有此官。明清两代翰林院、
国子监沿置，掌章奏文牍事务。

⑤ 邓沛：字桂峰，和睦村桂花里（今永和镇桂花村）人，明万历癸酉（1573 年）科拔贡，历
任英德、广宁、化州学正。

⑥ 学正：明代州学设学正，掌教育所属生员。

周宽，弥勒州知州。

康烈，韶州府教授①。

欧惟鹗。

关键。

陈瑞霞。

关镶。

叶思龙。

赵祖禹，鱼台训导，迁曲江教
谕，有传，祀乡贤。

陈奇才，儋州学正。

邓仲义，肇庆府教授。

彭鹗荐③，恩贡，永平县知县，
有传。

曹嘉耀，恩贡。

马呈祥，化州学正。

邓钟秀，阳春县教谕，有传。

唐肇尧，始兴县教谕。

谢君宠。

罗文解④，南宁府通判⑤，管
永淳县事，有传。

蒋屾鸢，恩贡，滕县训导。

蒋润，北流县训导。

梁仲节，南安县训导。

刘天秩，义宁县知县。

邓惟枞②，荔浦县知县。

李义中，王府教谕。

石树声。

虞燧，安定县教谕。

邓惟权。

陈燮。

卢有柱，信宜县教谕。

唐诰，河东盐运教授。

蒋于炳，高州府教授。

马洛章，肇庆府教授。

邓钟灵，广济教谕，捐俸赈恤贫生，
勤于课士。

赵鼎元，恩贡，云南宪司经历。

李魁春，大浦县训导。

蒋泮，有传，祀乡贤。

蒋于梯，龙川县训导。

卢当畿，信宜县训导。

唐大成，德庆州训导。

---

① 教授：地方官学的教官，府设教授，州设学正，县设教谕，均各 1 人，其职责是"训迪学校生徒，课艺业勤惰，评品行优劣，以听于学政"。

② 邓惟枞：邓沛子，明万历丁酉（1597 年）科拔贡，仕浙江司经历正知事，转广西荔浦知县。

③ 彭鹗荐：字冲云，今太保镇莲塘村人，居旧城。民国十七年（1928 年）《广东连山县志》卷十二记载："明天启辛酉（1621 年）科拔贡，任云南永平知县。"

④ 罗文解：字元美，号浮山，晚号兼山，初居太保旧城，出仕。由永淳县令告老还乡，后定居今吉田镇沙田木根，为罗姓第十二世祖（《连山文史》第十三辑《吉田古今》，第 125－127 页）。

⑤ 通判：古代官名。知府下属官员，掌管粮运、田地、水利和诉讼等事项。

吴承聘，庚午（明崇祯三年，1630 年）副榜。

蒋世麟，癸酉（明崇祯六年，1633 年）副榜。

国朝

虞人瑞。

虞人召，顺治十一年（1654 年）贡。

罗瑞楠，恩贡，临清州同知。

彭镗①，澄迈县训导。

邓邦栋，顺治十三年（1656 年）贡，德庆州训导。朴素耿介，耄年力学不倦，品行推重，后学多沐玉成，阖邑公呈陈请立传。

陈奇雄，廉州府训导。

叶以杰，乳源县教谕。

石光祖，康熙十一年（1672 年）贡。

罗象贤②，十五年（1676 年）贡。

蒋嘉贤，十七年（1678 年）贡。

何廮飔，十九年（1680 年）贡。

何敏功，二十一年（1682 年）贡。

谢斯馨，二十三年（1684 年）贡。

何锦英，二十五年（1686 年）贡。

---

① 彭镗：字述古，由旧城迁居今太保镇莲塘村（《连山文史》第十五辑《太保沧桑》，第274页）。

② 罗象贤：今吉田镇沙田木根村人。

监　生

（国朝）

考古风教之原，首重成均①，则监例之来有自矣。故历代沿之，有考校之法，历舍之级焉。

国朝

覃恩②弘开监例，虽云佐持筹之急，亦实辟俊选③之途，幸自励，勿辜作人至意焉。作《续监志》。

刘良策，王府工正④。　　　　萧魁之，附监⑤。

黄中文，附监。　　　　　　萧魁莲，附监。

彭永淑。　　　　　　　　　罗象宗。

贺联珠。　　　　　　　　　李幹国。

黄通理。　　　　　　　　　彭永淳。

蒋飞龙。　　　　　　　　　李馥国。

罗瑞菱。　　　　　　　　　萧泮桃。

罗象烘。　　　　　　　　　黎先民。

蒋乘龙。　　　　　　　　　唐文隆。

梁维屏。　　　　　　　　　吴柱。

石遇荐。

---

① 成均：古之大学。泛称官设的最高学府。

② 覃恩：tánēn，广施恩泽，多用于帝王对臣民的封赏、赦免等。

③ 俊选：俊士和选士。古代指可以教育深造的优秀人才。

④ 王府工正：官名。明代王府长史司所属有工正所，置工正，秩正八品，掌缮造修葺宫邸、廨舍。其副职为工副，秩从八品。嘉靖四十四年（1565 年）裁革。

⑤ 附监：即附监生。指额外增加就读于国子监的生员。

异　途

王祚昌曰："刀笔吏①不可以为公卿固然。然往往才优管库②，混迹吏隐③者，如汉之萧何④，明之况钟⑤，其所竖立，炳炳燐燐⑥，是又未可例论也。世言自秦汉废儒术而后，虽俊杰之士，仕进必从读律始，故汉有萧曹⑦之辈。然则儒吏分途，亦已久矣。此中亦多杰出，如徐、万诸公，彼皆非欤？或由才干，或由积德，存乎其人之自负何如耳。"作《续异途志》。

李时茂，开化县县丞。

李时芳，阳利州吏目。

尝考唐人姚康撰《科第录》云："以孔、颜为心者，虽日视淫靡，莫能迁其操；以桀跖⑧为行者，虽日诵仁义，莫能治其性。若膺乡举里选者，此流也；若搜茂才异行者，此流也。则何必以秀才为朴、进士为荣耶？观此则以科目取士者可知矣。然其目则终不可紊。"今萃连之科目与贡士诸途观之，其幼学壮行有裨于时，似宜与科目无别。然科目实连之绝无而仅有，是立名而后立功、立德，此又予之区区鄙私⑨也。

---

①　刀笔吏：古时在竹简上用刀削改字。指在官府代办文书的低级官吏。

②　才优管库：有才华的人去做管理仓库的役吏。比喻大材小用，或用材不当。

③　混迹吏隐：混迹，即使行踪混杂在大众间。吏隐，即不把利禄牵挂于心。

④　萧何：西汉的开国功臣、政治家。秦朝时为吏，在刘邦攻入长安时，掌管律令、图书。

⑤　况钟：明初官员，江西靖安县人。早年为小吏，因有奇才，被明成祖升为礼部郎中。宣德年间出任苏州知府。他未经科举，由小吏做到知府，政绩斐然，受到百姓爱戴。

⑥　炳炳燐燐：又作"炳炳麟麟"。光明，形容十分光辉显赫。汉代扬雄《剧秦美新》云："帝典阙者已补，王纲弛者已张，炳炳麟麟，岂不懿哉！"

⑦　萧曹：指汉高祖的丞相萧何、曹参，皆为汉初贤相，历来二人并称。

⑧　桀跖：jié zhí，夏桀和柳下跖的并称。泛指凶恶残暴的人。

⑨　区区鄙私：一点点或微不足道的看法、见解。

卷七　人物志

旧《志》曰："山不在高，有仙则名；水不在深，有龙则灵。"然则地固以人重与！作《人物志》。志人物者，何核实也？实以名彰，名以实贵。连虽僻在山隈①，而硕德耆儒②、忠孝节义，亦不乏人。司牧者苟不随时采访，备详其姓氏、里居以及其行事，不特不能备辎轩③之采。虽曰某也贤，吾爱之慕之，某也忠孝节义，吾爱之慕之，殆非牧斯土者，风励之意矣。续志《人物》。

名 贤

南北宋

邓鲁，字约子，韶陂④人。母张氏，孕鲁时感异征。幼爽阎⑤，有至性⑥。父思露当戍边，呼鲁曰："阿鲁，吾今登途矣，归期未可知也。"鲁应声泣拜，诀别如成人。时甫四岁，世以孝童称之。[又]⑦ 岁余，病死。一夕苏，梦人谓："上帝怜汝早孤，特宥⑧汝。"鲁既愈，日吁天，愿以身代父。未几，讣至，殡时，哭踊切至，闻者皆为尽伤。元徽中，为郡小吏，适馆阁文帙毁，诏郡国悉上民间所藏。郡守遣鲁进图籍京师，帝以其有功坠典，赐钱币、缯綵⑨。会本郡守缺，[即]⑩ 以鲁代。有惠泽于民，创造州城、池濠、桥梁、里道，无虚日。然经画有方，民不告扰。齐永明中卒，赠司徒。

① 山隈：山的弯曲处。
② 硕德耆儒：又作耆儒硕德，qírú-shuòdé，指年高德重的儒者。耆，老；硕，大。
③ 辎轩：古代天子之使臣所乘的轻便车子。先秦时天子派使臣采风问俗，即乘此车。后以辎轩代称天子使臣。
④ 韶陂：指今连州市西岸镇韶陂。
⑤ 爽阎：豪爽开朗。《明史·陈瑛传》记载，陈瑛"爽阎有将材，然贪残，人多怨者"。
⑥ 至性：多指天赋卓绝的品性。
⑦ 原文漫漶，据民国十七年（1928年）《广东连山县志》卷十三《人物志》补。
⑧ 宥：yòu，宽恕，原谅。
⑨ 缯綵：缯，zēng，古代对丝织物的总称。綵，cǎi，也是对丝织品的称谓。
⑩ 原文漫漶，据民国十七年（1928年）《广东连山县志》卷十三《人物志》补。

唐

黄匪躬，鹅冈①人。幼负诗名，有"志大惟忧国，恩深岂顾家"之句。登光启三年（887年）进士，后仕梁，掌江西钟传②幕奏记③。楚王马殷④倾慕之，值匪躬使事至，殷大喜，尽蠲其门户租役。躬固辞。殷曰："老夫常恐不挹清风，今幸得见，不足以奉汤沐⑤矣。"

明

麦志德，字纯仁，东隅头⑥人。少勤学，有才干。洪武初，以孝弟力田⑦举，寻以谋略见奇，拜五府断事⑧，累迁右参军⑨。洪武十七年（1384年），擢工部侍郎，试⑩本部尚书。明年，坐户部侍郎郭桓⑪［案］或曰桓系胡惟庸党所累，皆置于法。或劝其自明，志德曰："命也。"

虞焕，字尧章，年十七，补博士弟子员⑫。甫五岁，选贡入太学⑬，累

---

① 鹅冈：指今连州市西岸镇鹅江。

② 钟传：唐末洪州（今江西南昌）人，镇南军节度使。王仙芝起义军转战江西时，他在抚州组织抵抗，被任命为抚州刺史。后又据洪州，被唐朝任命为镇南军节度使，封南平王，主政江西二十多年。

③ 奏记：掌管下官言事于上级公文书写的官吏。

④ 楚王马殷：五代十国时，楚国的建立者。梁太祖朱温开平元年（907年），封马殷为楚王，定都潭州（今湖南长沙）。在位期间，采取"上奉天子，下奉士民"策略，保境安民，湖南经济得以发展。

⑤ 汤沐：指周代诸侯朝见天子，天子赐以王畿以内供住宿和斋戒沐浴的封邑。后指受封者收取赋税的私邑。

⑥ 东隅头：指今连州市东隅，麦志德出生地。后迁居连山县宜善司城，即今连山壮族瑶族自治县福堂镇永丰司城。

⑦ 孝弟力田：汉代选拔官吏的科目之一。始于西汉惠帝，名义上是奖励有孝悌的德行和能努力耕作者。

⑧ 五府断事：应为"五军断事官"，明代军事官制名，明太祖初，于大都督府中置断事官，掌理军中刑狱。后又设置中、左、右、前、后五军都督府，以中军都督府断事官为五军断事官。

⑨ 右参军：明朝洪武年间，在中央的军事系统设参军府，长官为左、右参军。

⑩ 试：试用，代理。

⑪ 郭桓：明朝初年大臣，官至户部侍郎。明洪武十八年（1385年），郭桓等通同各直省的官吏作弊，盗卖官粮。后被揭发，明太祖将六部左右侍郎以下皆处死，各省官吏死于狱中者达数万人，史称"郭桓案"。

⑫ 博士弟子员：汉代设博士官教授学生。唐代以后也称生员为博士弟子。

⑬ 太学：明清时期对国子监的俗称。

上贤书，不报。谒选授荔波县知县，多善政。会丁内艰①，士民卧辙挽留，不可，勒石纪之。服阙②，补郧西，一如治荔之政。大中丞③郭子章④荐以治行第一，将超擢⑤，又丁外艰，老幼追送百里之外者几百人。先是郭公奇其才，授以［家］传秘旨，殆后结庐城南，隐居教授，遂无意当世之务云。

旧《志》曰："约子孝感上帝，匡躬名动王公，卓哉异矣。麦纯仁以匹夫而位登八座⑥，非德行素孚，不至此。虞尧章辄试辄效，才固未可量也，而成名身退，抑又超然者矣。"呜呼！海内上国不乏冠盖如云，而卒为闾里诟病⑦，何如连之仅有而绝奇哉。

赵祖禹，号毓葵。父早［见］背⑧，奉母至孝。下帷⑨攻苦，于书无所不读，一切世味淡如也。循循诱人，连士之有品于世及有声于官者皆其就，博士郡邑其成就犹多。且《曲江之拯水溺》《鱼台之折莲妖》⑩，又不啻文人之技矣。年臻⑪大耄⑫，其母亦陟期颐⑬，此孝节之大年也。学使上其事于巡方⑭而崇祀焉。母莫氏已经旌表，见《节妇》条内。

---

　　① 丁内艰：古代丧制名，凡子遭母丧或承重孙遭祖母丧，称丁内艰；凡子遭父丧或承重孙遭祖父丧，称丁外艰；丁艰又叫丁忧，意思是回乡守孝。

　　② 服阙：fúquè，古丧礼规定，因父母死亡，服丧三年，期满除服，称服阙。

　　③ 大中丞：明清时用作巡抚的别称。明朝都察院副都御史职位相当于御史中丞，常用作巡抚的加衔，故称。

　　④ 郭子章：字相奎，号青螺，江西泰和县人。明隆庆五年（1571年）进士，历任南京工部主事、潮州知府、山西按察使、湖广右布政使、福建左布政使、兵部尚书兼都察院右副都御史。万历四十六年（1618年）去世，获赠太子少保，谥号"文定"。

　　⑤ 超擢：chāozhuó，指升迁；越级提升。

　　⑥ 八座：也作"八坐"。古代朝中的八种高级官员。历朝制度不一，所指不同。明清时期指六部尚书。

　　⑦ 诟病：gòubìng。意思为侮辱，引申为指责或嘲骂。

　　⑧ 见背：父母或长辈去世。

　　⑨ 下帷：放下室内悬挂的帷幕，指教书；引申为闭门苦读。

　　⑩ 据民国十七年（1928年）《广东连山县志》卷十三《人物志》记载有《曲江拯溺》《鱼台折莲妖》两文行世，但具体内容不详。

　　⑪ 臻：zhēn，达到。

　　⑫ 耄：mào，年老，古人对八九十岁人的称谓。

　　⑬ 期颐：年寿一百岁以上的人。《礼记·曲礼上》云："百年曰期颐。"

　　⑭ 巡方：指天子派大臣巡察四方。

蒋泮，别号飞钓。孝友性成，聪颖过人，平易温和，不设城府，胸次①则较然不欺也。一家之诗礼相师，乡党之孤聩②悉化③。岁书④方成，赍志而殁⑤。迄今樵苏伧竖⑥皆言"飞钓先生"云。舆议⑦公举乡贤。

邓钟秀，字吉选，号拔萃，和睦植槐里⑧人。生而孝友，性朴素，喜怒不形，与伯兄钟灵俱以明经起家。初授惠州府训［导］，恪尽教职，不责修脯⑨，讲学兴行无倦色。士假贷⑩不能偿，辄焚其券。迁阳春教谕，益殚⑪诱掖⑫士艺之落孙山者，先生阴乞文宗保全，不求人知。时士气有不平，欲哗公庭，先生托以课文，召诸生至，潜消其衅。其辅翼⑬士子，爱人以德，类多如此。解组⑭归里，足不履城市，常私出田间。豪仆不及知，辱先生，先生秘之。诸孙得其事，欲声罪。先生固曰："无之，尔辈毋枉人。"家居，终日执编危坐，善酒不及乱。凡有祸福，但以理自信。年八十六，以无疾终。

罗文解，字元美，号浮山，城西兴贤里人。幼聪颖，弱冠弟子员。敏捷有才思，长于诗启⑮及（大）［太］古文字⑯。启迪后学，善开悟，多所成就。督学每试，辄奇其文。七棘⑰不售⑱，由明经司训南宁。值变迁，抗

---

① 胸次：胸怀。
② 孤聩：聩，kuī，极聋。指孤单残疾之人。
③ 悉化：全部感化。
④ 岁书：指黄历一类的日用书籍。
⑤ 赍志而殁：jīzhìérmò，指怀抱着未遂的志愿而死去。
⑥ 樵苏伧竖：樵苏，指砍柴的人；伧竖，指没有接受过教育的孩童。意为普通百姓。
⑦ 舆议：社会舆论。
⑧ 和睦植槐里：指今连山壮族瑶族自治县永和镇植槐村。
⑨ 修脯：送给老师的礼物或酬金。
⑩ 假贷：借贷。
⑪ 殚：dān，竭尽，极尽。
⑫ 诱掖：yòuyè，引导扶植。
⑬ 辅翼：辅助。
⑭ 解组：犹解绶，解下印绶。意指辞去官职。
⑮ 诗启：寄奉所作诗歌的书信。
⑯ 太古文字：即远古时期的象形类文字。
⑰ 棘：即"棘闱"之省略。科举考试中的贡院别称。闱指考场，因四周墙上遍种荆棘，使人不能爬越，以防传递作弊，故名。
⑱ 不售：指参加科举考试没有考中。

志不屈，当事义之，擢授别驾①。适措饷，急需米千石，或议砻②。先生曰："无济，与民易之便。"不三日，即足其供。诸帅捏功，系者累累，先生鞫③得实，尽释之。当事益奇其才。因言事不合，左迁④永淳令。先生知不可为，遂解组归，绝意仕进，日以图书自娱。常葛巾野服，散步梅溪，吟咏不辍，刘湘客、严伯龙闻而慕焉。晚号兼山，取艮止义⑤，又改释须弥额，于尊贵则曰逸民，盖其志云。

彭鹗荐，字冲云，号联奎，居县城中。为人孝友端方，好学淹博。年十八，补邑诸生⑥，试辄优等，才名藉甚。绛帷⑦领袖，多士黉序，半出其门。三十一岁，拔贡太学，选山阳县丞，精敏有能，两院首荐。升永平县尹，廉明，更多惠政，士民称颂。方期年，先生以宦途遥阻，莼鲈⑧兴思，挂冠⑨归，两袖清风。百姓卧辙挽，不允，立祠祀焉。家居勤修好德，表正乡闾，子孙多贤，家声益振云。

[国朝]

邓邦栋，字可翰，号一鹗，和睦双桂里⑩人。少颖悟，弱冠补诸生，屡试棘闱，以岁荐司铎⑪康州。课文讲学，置祭器，葺宫墙，复黜生，济贫士，赈饥民，悉皆捐俸为之。士民食德不忘，当道交荐，以老告致。生平孝友，奖进后学。有堂兄及二子客死西邮，为负骸归葬，置田以祀。修

---

① 别驾：官名。是别驾从事的简称。汉置，为州刺史的佐官，因其地位较高，出巡时不与刺史同车，别乘一车，故名。宋代各州通判的职任似别驾，后世因以别驾为通判之习称。通判分掌粮、盐、都捕等事务，以弥补知府管辖不足之处。

② 砻：lóng，去掉稻壳的农具，形状略像磨，多以木料制成。此处指用砻去掉稻壳。

③ 鞫：通"鞠"，意为审问。

④ 左迁：降低官职。汉代贵右贱左，后世也将贬官称为左迁。

⑤ 取艮止义：易经中的卦象。艮卦的自然取象是山，卦义是止。艮卦讲究安静，但不是不动；止是停止不合适的动。此词的意思是修行自身，以求符合天道法则。

⑥ 诸生：明代称考取秀才入学的生员为诸生。

⑦ 绛帷：指红色帷幕。此处指对师门之敬称。

⑧ 莼鲈：莼，pò，一种可以食用的草本植物。比喻思念故乡的心情。《晋书·张翰传》云："翰因见秋风起，乃思吴中菰菜、莼羹、鲈鱼脍。"

⑨ 挂冠：指辞官。

⑩ 和睦双桂里：今连山壮族瑶族自治县永和镇双桂村。

⑪ 司铎：谓掌管文教。相传古代宣布教化的人必摇木铎以聚众，故称。

文昌阁，开立文社，讲业于洗心精舍①，为多士模楷。耄年手不释卷，非公足不履城，人服其勤而有操云。年八十五，无病而终。

说：士君子之贵于自立也，将以策名当时，声施奕祀②。上可报称圣主，下能流惠民生，故德业烂然，与日月争光而不愧，与史册并垂而弥芳。如约子之孝行，黄君之才名，麦君之谋略，固可谓蔓绝一时者矣。至于尧章之治行第一，毓葵之拯溺折妖，飞钓之孝悌和平，拔萃之焚券汪度，浮山之抗节辨冤，联奎之解组卧辙，一鹗之孝友振兴。或以器量，或自师儒，或由民牧，其才与德皆卓肰③有可观者，故纪之，以永其传。其有幽德潜光④，未在表扬之列，尚俟后之君子搜罗而续记之。

孝 行

谢启初，性至孝，父锡。[明]崇祯十七年（1644年），县民讹传七峒攻城，仇口捏锡为内应，遂害之。时，初愿以身代父死，并杀之。

萧大扬⑤，耆德⑥如峰子。一日父以寿终，扬哭泣至极，次日，遂死于父尸旁。邑人士共叹之。

黄中行，邑庠⑦生。[清]康熙五年（1666年），流贼入境，行负瞽⑧母逃窜，人呼："贼至，汝盍逃行？"曰："安忍弃母。"及贼至，行对贼曰："宁杀我，勿杀我母也。"贼如其言。

---

① 精舍：指儒家讲学的学社，后来也指出家人修炼的场所。
② 奕祀：世世代代。
③ 肰：同"然"，作形容词或副词的词尾。
④ 幽德潜光：有道德而不向外人炫耀。
⑤ 萧大扬：明朝人。
⑥ 耆德：德行高尚、声望广泛的人。
⑦ 邑庠：yìxiáng，明清时期对县学的称谓。
⑧ 瞽：gǔ，眼睛失明。

孝妇

黎氏，故监生①萧魁莲妻，贞静诚孝，族里素钦。〔清〕康熙二十四年（1685年），因邻失火，翁柩在堂，氏恐焚毁，抚柩痛哭，不顾幼男女及火烈，氏同一男一女竟焚死。邻人力救，惟翁柩存，通邑义其孝，佥议请旌。

贤　妇

唐氏，明学博唐肇尧女，配处士②黄色烶，年十七归黄门，安贫勤绩，事继姑至孝。姑病，值夫外出，氏侍药，夜不解带者月余。每焚香祷告，愿捐己寿益姑。忽一夜，姑梦一神向前曰："尔媳诚孝格天，上帝已知道了。"姑病即愈，至今盛传其事。晚年举一子，讳中文，以邑庠登国学，人以为贤孝所致。万令旌之以文。

黄氏，〔清〕监生彭永淑、永淳母，配乡绅彭铠，执妇道，有智略。乡近瑶居，屡被剽掠，氏画策，令乡人诱之，瑶果至，悉擒。随与夫商，瑶党众多，杀之不绝，宜释之以服其心，使其畏威怀德，乃为长策，乡人从之。瑶各踊跃叩首而去。连邑最苦瑶害，惟氏乡终不敢犯。氏夫司铎澄迈，常勖③以敦教化、育人才为首务。及夫启行，又嘱之曰："仕途之险，有如风波，君渡海而南，当取鉴于兹。"以故在任数载，加意作兴学校，群称斯文有主。既而归里，士子依依，以诗相赠，多称内助之德，人以母氏之化被于海南云。

马氏，〔清〕邑庠朱瑞凤之母，连州进士马象乾族女。少聪敏，嗜诗书，家贫，纺绩糊口，犹然课子读书。有劝其子废学，别为营生，氏坚不

---

① 监生：明清两代取得入国子监读书资格的人，称国子监生员，简称监生。
② 处士：古时候称有德才而隐居不愿做官的人。后亦泛指未做过官的士人。
③ 勖：xù，勉励。

允，曰："名教中自有乐地，且书不负人，今虽贫，安可游移？"于是子益加勉，试辄冠军。又尝戒子曰："读圣贤书，当行圣贤之事，非徒求取功名已也。"所见之大如此，人称为绛帐①家传云。

游氏，［清］庠生邓光衢母，故宦邓邦栋妻。性柔顺，喜施济，治家勤而有法。夫素耿直，常面绳人过，氏和颜解之，人咸服其夫之训，而怀氏之德。及随夫任康州，岁适饥，因谓夫曰："目睹饥民，安忍袖手？愿君捐俸首倡，请绅衿②义士随力助粟救荒。"氏又出饰资合赈，所活甚众。时邻封因荒贼起，惟康怡然，皆氏劝夫倡义赈济之力也。及旋里，夫殁，家计萧条，犹延师训子，得以成名，人方之柳母③云。邑侯孙公旌之以文。

唐氏，［清］州庠仁海女，诸莺乡民石昇配。年十九于归于石，事舅姑④、执妇道甚谨，闾里称善。性朴，不喜华饰，聪颖，不识字，能解说书义。盖幼时仁海口授，遂记忆不忘。生三子。及夫即世⑤，事老姑，遭离乱，与姑相倚为命，视膳问寝，造次弗懈。纺绩课子，篝灯之余，书声与车声相接。子未熟，氏窃听之，已能朗诵矣。三子俱游黉序，长光祖，县庠；次超祖，季扬祖，州庠。长与季同时明经上荐。孙九人，斑斓绕膝，皆其余庆所致云。寿七十一。邑侯康公旌之以文。

节　妇

莫氏，［清］生员赵宗礼妻，相夫成名，方二十寡，冰霜节操，教子名扬仕籍。邑令汤有區旌之。

---

① 绛帐：jiàngzhàng，师门、讲席之敬称。

② 绅衿：shēnjīn，绅，绅士，有官职而退居在乡者；衿，青衿，生员所服，指生员。泛指地方上体面的人。

③ 柳母：即唐代柳宗元的母亲卢氏。传说她出身名门，嫁到柳家后，相夫教子，友爱族人，培养出柳宗元这样的大才子，甚得官府和民众的爱戴。

④ 舅姑：称夫之父母，俗称公婆。

⑤ 即世：去世。唐代杜甫《哭王彭州抡》诗："夫人先即世，令子各清标。"

苏氏，[清] 生员萧廷桂、魁芝祖母，年二十三寡，孝事姑嫜①，始终如一。[明] 崇祯辛未（四年，1631年），大水浸屋，氏与姑几不免，氏曰："宁与水俱逝，不忍弃姑。"适墙崩，水势渐减，氏姑俱无恙，人以孝感之至云。邑令王、康俱以孝节旌之。

烈　妇

曹氏，生员曹嘉耀女，生员罗瑞梓妻，[清] 顺治十一年（1645年），大兵再入连山，梓被执身死，讣闻，氏携幼儿对人曰："夫死，吾岂生乎？"遂自缢死。

吴氏，[清] 生员戚熙女孙，年十八，适生员区如玺男仁谦为妻。方嫁二年，夫终于疾，氏哭夫，从容绝食而死。人共叹之。

双烈，澄迈县训导彭锃之女。[清] 康熙五年（1666年），流贼入境，二女同时被执，坚拒不辱，詈②不绝口，为贼所杀。邑令康旌之。

贤孝妇

虞氏乙嫂，[清] 郡庠生邓光衢妻。事翁姑孝顺，亲理膳寝，不假婢手。翁姑抱病，亲治药饵，尝而后进，昼夜侍侧，睡不解衣。焚香祷，愿身代。处妯娌③和，荐蘋蘩④洁，待仆婢宽宥⑤。（厩）[既] 夫病甚，亲视调理，必期其愈，而心始安。无（觑）[魁] 怒之色，有恻忍之心，

---

① 姑嫜：丈夫的母亲与父亲。
② 詈：lì，骂。
③ 妯娌：zhóuli，已婚妇女称呼丈夫兄弟的老婆为妯娌。
④ 蘋蘩：两种可供食用的水草，古代常用于祭祀。泛指祭品。
⑤ 宽宥：kuānyòu，宽容，饶恕。

有求（郎）［即］付，无难色。常出己资衣帛，周夫之兄，尽心家计，勤俭自侍。和丸教子①之珠列案元②，补邑庠弟子员。氏年三十七，时严冬雪夜，瑶盗牛，氏觉，奋身出敌，夺回，有丈夫志。内弟定恕幼孤，抚养完娶，人称为颜氏孝妇③，而更为孟氏贤母④。乡人惜，寿五十八而终，邑令李旌之。

隐　逸⑤

蒋于标，字龙塘，有隐德，秉直性，与邓游等倡首捐建兴文塔⑥，人士感之，子孙有登仕（耤）［籍］⑦。

李懋初，号肖苏，［明］邑庠生，进士马象乾友人也。乾尝奇其文肖眉山⑧，因号"肖苏"。慷慨豪侠⑨，善诗词，有名于邑。

邓游，号乐台，［明］和睦双桂里人，乡宦邦栋父。赋性孝友，倜傥不羁⑩，好笃经史，疏邑盐政，与蒋于标等倡首捐建兴文塔。且朴素廉介，笑傲烟霞，咏歌山水。生平所行，仁义忠信，为连善人尹太常卿表墓，迄今月旦⑪以处士称。

---

①　和丸教子：唐代柳仲郢幼年嗜学，其母韩氏用熊胆和制丸子，使其夜咀咽以提神醒脑。后作贤母教子之典。

②　案元：案首。科举时代童生在府、州、县试中获得第一名称案首。

③　颜氏孝妇：颜文姜，传说为晋朝时山东孝妇，孝侍公婆，远汲山泉水，不间寒暑，感动神明，泉出于室内汇流成河。文姜殁，在其草庙为神，后人在此建庙，即颜文姜祠。

④　孟氏贤母：即传说中的孟子母亲三迁教子的故事。

⑤　隐逸：避世隐居。

⑥　兴文塔：供奉魁星，也称文曲星神的塔。此神明掌握文人骚客功名命运。

⑦　仕籍：指记载官吏名籍的簿册。

⑧　眉山：即苏轼。因宋代苏轼的籍贯为四川眉山，故时人谓之苏眉山。

⑨　慷慨豪侠：勇敢而有义气。

⑩　倜傥不羁：倜傥，洒脱，不拘束；羁，马笼头，比喻束缚、拘束。形容洒脱豪放，不受拘束。《晋书·袁耽传》云："耽字彦道，少有才气，倜傥不羁，为士类所称。"

⑪　月旦：汉末汝南郡人许劭、许靖兄弟主持对时人的品评活动，因常在每月初一进行，故称"月旦"。

唐之佐，号尧忠，大富水头人，［清］庠生翰子之祖。生平孝友，秉性正直，德行无愧，月旦有声。目见五代子孙绕膝，耄而康健，好猎书史，卷不释手。邑令康、郎俱有匾旌，寿九十，无疾终。

百岁 ［寿］

朱仰雅，为人朴实，务力田，公庭永不一至①，寿一百零一岁，是亦邑罕其人者。

虞龙纪，力行善事，当里长五十年，不私一文，享宾筵②二次。邑令林、何俱有匾旌，寿九十九。

朱秀轩，生员跃龙祖，兄弟七人，轩居长，敦孝友，崇俭德，训孙成名，寿九十七，人仰慕之。

黄大宾，生平崇德，行好布施，享宾筵三次，传祀十人，寿九十八岁，人以其非幸致云。

黎星宇，生员尚忠父，性好静，专业耕种，不干外事，寿九十六岁，人仰之。

虞氏，生员朱焕妻，助夫成名，治家勤俭，寿九十六岁。

流　寓③

刘湘客④，改释一盂一衲，寓三洞埇者周年，峒人莫识之，而甚爱之。

---

① 公庭永不一至：公庭，指官府。意思是从未因纠纷而到过官府。
② 宾筵：指鹿鸣宴，古时地方官祝贺考中贡生或举人的"乡饮酒"宴会。
③ 流寓：在异乡日久而定居。此处指外乡人定居连山县。
④ 刘湘客：指姓刘的湖南人，客居连山。

一日，投梅溪居士①一函，开视之，七言律诗也。

一寸禅兮一丈魔，罡风②扇动瘴烟高。

那能跋履凌天步，有甚忧忡纪雨毛。

洞里何人歌弃甲，草间为子赋同袍。

深山不厌秦来客，春色缤纷点醉桃。

居士曰："此非禅，和子语也。"因往访之，至则行矣。后峒人甚思之，又后乃知为刘湘客也。

王恒③，字希贞，汝宁府学生，以子令连而至。入县时，徒步杂众人中，一邑所当兴革者已晰。连民难治而易哗，竟帖然安顺，革其两（番）[藩]④ 逞逆之习。虽令投之中窾⑤，惟恒之先详有以扼之也。不两月回籍，邑人罗文解纪之以诗：

才大（逢）[逢] 时岂晚成，况翁有子著循声。

谩言今日鸾栖枳，何异当年鲤过庭⑥。

养志欢承忠作孝，闲歌喜甚笑陶情。

南轩⑦随侍翁迎养，济美相传待勒铭。南轩事见《州志》。

说：传者，传其奇尤卓异，有关于世道人心，可为法垂者也。《月令》雩祀⑧百辟，乡士之有益于民者，故名宦乡贤而外，有宫墙俎豆所不能尽。鞅掌簿书之人，非以笔代舌，集其人行事而永其芳声，则一王之教化与一邑之精神，乌能使其生气栩栩欲动？故考文武之道，则曰贤者识其大者，不贤者识其小者。若事亲而菽水⑨，居官而勤敏，治身而澹泊自持，孀居

---

① 梅溪居士：指明朝贡士罗文解。

② 罡风：gāngfēng，道家谓高空之风。后泛指劲风。

③ 王恒：清顺治十二年（1655年）连山县令王祚昌的父亲。

④ 两藩：即平南王尚可喜和靖南王耿继茂。前者又简称平藩或尚藩，后者又简称靖藩或耿藩。两藩以封王留镇广东，故称藩王。

⑤ 中窾：窾，空隙。意为切中要害，引申为恰当、合适。

⑥ 鲤过庭：意为晚辈接受长辈的教训。孔鲤是孔子的独子，出生时，鲁国君王给他父亲送来一条鱼以示祝贺，孔子遂给儿子取名为鲤。

⑦ 南轩：指张栻，宋朝张浚之子，四川汉川绵竹人，时人称"南轩先生"，清同治九年（1870年）《连州志点注本》第328页记载："张栻，字敬夫，随父浚至连州贬所，暇日登眺，有《湟川八咏》诗。……学者称为南轩先生。"

⑧ 雩祀：古代祈雨的祭祀。

⑨ 菽水：豆与水，指所食唯豆和水，形容生活清苦。

而纺绩度日，此亦以寻常人做寻常事，无甚奇尤特异之称。纵曰虽小善必录，而所以纲维①世道，不在此也。甚或有素封②之子，纤啬③及于锱铢④，尤文之曰好施；毒手甚于狼虎，而称之曰积善。其谁欺？欺天乎！故伪者务删，实者方撷，知有罪我者矣。

杂　纪⑤附

杂之，为言错也。五色错用，五声错奏，则丹艧⑥全而音律协。于以饰听，始可曰听广；于以饰视，始可曰视备也。盖属词比事，颣⑦以文成，则谓之正；参伍错综⑧，处无所系，则谓之杂。故系年曰事，反常曰变，不经曰异，阙略曰遗。缕而晰之，其名以杂也固宜。续《杂纪志》。

纪事

［唐］建中元年（780 年），贬左丞薛邕⑨为连山尉。

［明］天顺六年（1462 年），大兵征连山，古县壮民作乱。七月，迁县治于小水坪。

正德元年（1506 年），征连山古县。

嘉靖十四年（1535 年），大兵征瑶。

---

① 纲维：犹纲领。此处比喻法度。

② 素封：指无官爵、封邑而富比封君的人。形容没有依靠官职或特权而白手起家拥有巨大财富的人。

③ 纤啬：xiānsè，意为计较细微。

④ 锱铢：zīzhū。锱、铢均为古代重量单位，是相对很小的重量单位。用来比喻极微小的数量。

⑤ 据原卷首目录"杂纪"改。

⑥ 丹艧：dānhuò，可供涂饰的红色颜料。

⑦ 颣：同"镂"，雕刻，刻印文字。

⑧ 参伍错综：交互错杂。《易·系辞上》云："参伍以变，错综其数。"

⑨ 薛邕：字公和，生卒年不详，今山西省永济市人。唐朝宰相薛元超曾孙。唐代宗大历初年，出任礼部侍郎、上柱国，党附于宰相元载，迁吏部侍郎。因被弹劾，出贬为歙州刺史，累迁宣歙观察使，颇有惠政。唐德宗建中初，授尚书左丞，因盗隐官物，被贬连山县尉，卒于任上。

万历十（一）年[①]（1582 年），设宜善巡检司。

天启元年（1621 年）九月，兵征军寮，陷阵。二年（1622 年）六月，巡司蒋守家以计擒二十余贼，贼惧，不敢出没。

崇祯十五年（1642 年），五省会兵[②]剿瑶，总兵陈鹏奋身追杀，瑶蛮震怖，纳款[③]归化，而胆始戢[④]。

［清］康熙二十年（1681 年）二月，改迁学宫于东郊外。

康熙二十三年（1684 年）十一月，新建万寿亭于西郊外。

康熙二十四年（1685 年）二月，因流寇陈凤等鸠众啸聚于湖广、广东、广西三省交界之纱帽山已经三年，地方受害。时知县萧象韶会同连阳营游击康启祥，亲临巢穴，招抚归化，民赖以安。

康熙二十九年（1690 年）六月，流寇陈凤复倡乱，鸠合龙水尾瑶，掠害居民，知县刘允元会连州牧郭昂缮详各宪，元躬历贼巢，密计剿平，凤与瑶众俱授首[⑤]。

纪变

王祚昌曰："上古物无夭札，良由圣人在位，灾沴[⑥]不生，变害不作故也。"《春秋》："灾异贼乱之必书，欲后人知所警也，岂邑乘而可遗之乎？"

凡物之变常者变也，其祥则为甘露、醴泉、庆云、芝章，其异则山崩、川竭、水涌、地震。虽灾怪多端，然反常而罕见者，均谓之变可也。续

---

① 据本志书卷一《地舆志·厢乡》记为"万历十年（1582 年），开宜善乡"。又本志书卷二《风俗志·壮俗》记为"万历十年（1582 年），发兵征剿，抚其遗孽，设巡司以管辖之，立宜善一乡十甲"。故改之。

② 五省会兵：据民国十七年（1928 年）《广东连山县志》卷一《天时志》记载："崇祯十五年（1642 年），瑶人大乱，知县朱若迄具疏请兵，粤、桂、楚、豫、闽五省总兵奉命会剿，逗师不进。广州副总兵陈鹏、守备黎树绩力战阵亡。"又该志书卷十四《艺文志》收录臧承宣撰《明广州协副总兵陈将军鹏墓志铭》记载，崇祯时，连山瑶乱，朝廷下令楚、赣、闽、粤、桂五省兵会剿于连山。

③ 纳款：归顺、降服。

④ 戢：jí，收敛。

⑤ 授首：指投降或被杀。

⑥ 灾沴：zāilì，指自然灾害。

《灾变志》。

天之变

　　[明] 正德十二年（1517 年）冬十一月，县治火。

　　嘉靖六年（1527 年）夏四月，大水，浸没邪渡桥。

　　万历三十七年（1609 年）十月，县治地震，有声如雷，凡百余日始息。

　　天启元年（1621 年）二月，雨雹。

　　三年（1623 年），虎白昼噬人。

　　[清] 康熙五年（1666 年）二月，大雨陷没莫联寨①。

　　九年（1670 年），虎白昼噬人。

　　十七年（1678 年）三月，雨雹大如拳，击死牛畜，暴风扬沙拔木，复大雨连日，崩陷田地无算。四月，复雨雹，寒如严冬。是年，竹生米，人以为异，群相采之。

　　康熙二十三年（1684 年）二月，西郊外失火。

人之变

　　[明] 洪武二十六年（1393 年），县贼唐宗祥倡乱。

　　三十一年（1398 年），貌阿孙行劫。

　　弘治十七年（1504 年）闰四月，梁苟龙劫县。

　　宣德三年（1428 年），谭应真行劫。

　　万历四十六年（1618 年），浪荡山瑶作乱，千户赵可久征之，地方赖安。丁巳年（四十五年，1617 年）九月，知事孙养霖以贪激变。

　　[清] 顺治八年（1651 年），流贼败县②。

---

　　① 今永丰木联村。

　　② 流贼败县：据民国十七年（1928 年）《广东连山县志》卷一《天时志·年鉴》记载，清顺治八年（1651 年），流寇马宝窜入县境。马宝为明末清初陕西人，曾参加明末农民起义军，后降南明桂王，受封淮国公。永历十三年（顺治十六年，1659 年）降吴三桂，次年充中营总兵。康熙十二年（1673 年）从吴三桂叛，率兵攻湖南、江西。吴三桂死，拥立其孙吴世瑶。十九年（1680 年）入四川，连陷泸州、叙州等地。次年清兵入云南，回师楚雄，兵败降清，被杀。

说：孔子《春秋》纪灾异，而不纪其事应，慎之也。以为天道远，而非谆谆以谕人，不过使君子见之，知所恐惧，修省而已。若推其事应，或有不合不同之处，则君子怠焉。谓其事适偶然而不必惧，此孔子《春秋》意也。故效《洪范·五行传》，著其灾异，以待夫人之自省。

卷八　艺文志

曹振熻曰："学山峰秀，笔海澜清。真儒间出，理学难名。或经世务，或陋章句。击钵赋诗①，疾如风雨。总为华国，梦锦粲花②。韩欧③争胜，屈宋④作衙。何地无才，丹篆式开。雕虫⑤曷悔，实号鸿裁⑥。"

六籍⑦而下，凡诸子百家以逮诸赋风谣，皆文也。汉惩秦燔灭⑧，大收篇籍，至成帝求遗书于天下，今郡邑所志艺文，其遗意也。且古者里巷歌谣，太师采之，以观民风。况有关于风俗者，乌可以弗纪也？续《艺文志》。

恩典诰敕

邓阿鲁。

敕⑨曰："阿鲁灵姿间出，俊采非常，擅瑚琏⑩之美才，韬公辅之重器。及充小吏，来届中京，属台阁延灾，致文籍俱烬，偏咨多士，莫记旧闻。唯尔智慧通神，聪明伟众，能兴坠典，重阐亡图，国有宠章，官縻好爵。可加司徒之职，授本州刺史，仍经画创造州城濠池，食邑千户。特赐钱一千贯，杂彩一百床，美女二十人，锦袍、玉带、白玉环各一副，细马二匹，准着施行。元徽⑪初年正月十八日敕。"

李光，见岁贡，配黄氏，赠孺人。

---

① 击钵赋诗：指限时成诗。比喻诗才敏捷。

② 粲花：指言语典雅。

③ 韩欧：指唐代韩愈和宋代欧阳修的并称。

④ 屈宋：指战国时楚国诗人屈原和辞赋家宋玉。

⑤ 雕虫：比喻从事不足道的小技艺。常指写作诗文辞赋。

⑥ 鸿裁：指文章的鸿伟体制。

⑦ 六籍：指六经，即《诗》《书》《礼》《易》《乐》《春秋》的合称。

⑧ 燔灭：fánmiè，烧毁。《汉书·艺文志》云："战国从衡，真伪分争，诸子之言，纷然肴乱。至秦患之，乃燔灭文章，以愚黔首。"

⑨ 敕：chì，皇帝的诏令；自上命下之词。

⑩ 瑚琏：祭祀时盛黍稷即小米、黄米的尊贵器械皿，夏朝叫"瑚"，商朝叫"琏"。用以比喻治国安邦之才。

⑪ 元徽：南朝宋后废帝刘昱的年号，共使用 4 年余。

敕曰："国家设兵卫，以理军政，既以武臣为之长贰，至其幕职，亦必得人，乃克有济。尔福建邵武卫经历司①经历李光，发身胄监②，任职于斯，式克勤慎，亦既有年。是用授尔征仕郎③，锡之敕命。其益尽心，无怠厥事。钦哉！"

敕曰："夫妇，人之大伦，故朝廷推恩群臣，必及其室，而于存殁一也。福建经历李光之妻黄氏，克相其夫，而已早殁。兹特赠为孺人，命服之华，永慰冥漠。"

奏 疏

剿瑶第一奏　　朱若迍

奏为腹心多患，事势甚危，大兵扫荡无期，微臣精力已竭，谨沥血披肝，仰祈圣鉴事。

臣粤宗④弱息，苦志芸窗⑤，素抱忠孝，血诚⑥无从展效，荷我皇上幸列贤书。于［明］崇祯十二年（1639年），又蒙国主荐举，缘会试不第，就本年八月内，考授今职。是受命之日，即致身⑦之日。但臣自揣卑陋，不敢越分渎陈。兹臣待罪连山，职当危难，势不得不叩阍⑧呼吁也。况皇

---

① 卫经历司：经历司是明朝在卫所设置的重要文职机构，设经历一人，从七品；知事一人，从八品，经历是文职流官，由吏部选授，其职权非常宽泛。由于是卫所中唯一的文职官员，所有武官不擅长的文书工作均由其负责，故经历又被称为武官的幕僚或首领官。

② 胄监：即国子监。亦指国子监的生员。明代沈德符《万历野获编·科场二》记载："然向来被议者，主试皆南人，举子皆胄监……"

③ 征仕郎：官名，文职散官。明朝置，为文职，从七品之升授。

④ 粤宗：朱若迍系广西靖江王府宗室之裔，为朱元璋的宗族后代。故称之。

⑤ 芸窗：亦作"芸牕"。指书斋。

⑥ 血诚：犹赤诚。谓极其真诚的心意。《宋书·谢晦传》记载："去年送女遣儿，阖家俱下，血诚如此，未知所愧。"

⑦ 致身：指献身，后为出仕的意思。

⑧ 叩阍：kòuhūn，扣击宫门。指官吏、百姓到朝廷诉冤。

上励精图治，设铎悬鞀①；地方利病，生民疾苦，大小臣工，不时具奏。臣敢不以连之瑶害，详悉为我皇上言之？

连阳之地，瑶害实繁，而八排称最，如油岭、横坑、行（墙）［祥］三排属州，军寮、马箭、大掌岭、火烧坪、里八峒五排属县，此为祸最烈者一。凡县治处环山叠嶂之中，逼封豕长蛇②之族，受害独惨，索民税，勒民赎，占民田，掳民妻孥③，连民如几上之肉，遇事追求，呼群引（颣）［类］，鸱噪枭张④，攻城掠地。连县如釜中之鱼，且杀劫商民，流毒四省，至于无可奈何。不责有司之宽纵，即罪百姓之疏防。前官幸同传舍⑤，后官相踵养痈，月复一月，年复一年，酿成大病，臣恐皇上未尽闻也。

臣崇祯十三年（1640年）二月二十七日上任，即奉雕剿明文，以筮仕⑥之官，任悬磬⑦小邑。稽城垣二百八十二垛，该赋税二千二百有奇，按版籍仅一千八百三十余丁。臣兢兢于修练储备，力竭精枯，兵讧寇攘，寝食不遑。自去年五月进兵，讵意在事者，始借剿为要功⑧捷径，终假抚为收利墟场，伏莽之戎，视同儿戏，以致烽凶日炽，焚杀不休，断路截关，连山竟如笼中之鸟，攻围四阅月，黑子⑨一邑之民几成薤粉⑩。彼时会剿之请方进，诸路之兵未齐。臣严督乡兵晓夜守御，又见南亩⑪耕夫疲于战守，

---

① 设铎悬鞀：铎：大铃；鞀：鼗鼓，拨浪鼓。设置铃铎，吊起鼗鼓，指听取臣民的意见。清代陈炽《议院》云："泰西议院之法，本古人悬鞀设铎，间师党正之遗意。"

② 封豕长蛇：封，大；封豕，大猪；长蛇，大蛇。贪婪如大猪，残暴如大蛇。比喻贪婪凶残的人。

③ 妻孥：qīnú，妻子和子女的统称。

④ 鸱噪枭张：鸱鸮，猫头鹰一类的鸟。比喻小人气势嚣张。

⑤ 传舍：chuánshè，古时供行人休息住宿的处所。借指今旅馆、饭店。

⑥ 筮仕：shìshì，古人将出做官，卜问吉凶，故后称刚做官者为"筮仕"。《左传·闵公元年》云："初，毕万筮仕于晋，遇屯之比。"

⑦ 悬磬：亦作"悬罄"。悬挂着的磬，形容空无所有，极贫。《国语·鲁语上》记载："室如悬磬，野无青草，何恃而不恐？"

⑧ 要功：邀功，求取功名。《汉书·冯奉世传》云："争逐发兵，要功万里之外。"

⑨ 黑子：痣。比喻土地狭小。北周庾信《哀江南赋》云："地为黑子，城犹弹丸。"

⑩ 薤粉：xièfěn，比喻粉碎的东西，也指使东西粉碎。薤，多年生草本植物，有鳞茎，可食用。

⑪ 南亩：南坡向阳，利于农作物生长，古人田土多向南开辟，故称农田为南亩。汉代桓宽《盐铁论·园池》云："夫如是，匹夫之力尽于南亩，匹妇之力尽于麻枲。"

西畴①稼稻恐借寇资，不得已设计羁縻②，夏耘秋获，始得两全。目今大兵虽集，扫荡无期。臣历任至今，修城备械，办贼募兵，采木筑营，并寨安民，缉奸擒寇，终日牛奔马走，竟成鹄面鸠形③。最苦者无米难炊，卖家园之产，供军国之需。连邑绅衿怜臣艰苦万状，倡义乐输，陆续捐银一千三百六十两，犒官兵以鼓敌忾；前后助米一千三百六十石，养乡勇以资饱腾。但捐助银米收支，即任绅衿，臣无染指；好义急公之辈，事宁相应奖叙，以励忠勤。藉文武诸臣俱能如此同心办贼，纵不能深入巢穴，亦可计斩伏擒，分屯隘口，以守为战，亦何难制其死命哉？绘图呈览，若瑶之可剿不可剿，宜抚不宜抚，在皇上目中。至目前利弊，另疏具奏。缘封疆大事，紧急军机，字多逾额④，伏乞圣明鉴宥⑤。为此，具本差赍，谨奏以闻。

崇祯十五年（1642年）三月日奏。

[剿瑶] 第二奏　　朱若选

奏为贼炽民疲，忠孤奸盛，前车当鉴，后患可虞，谨将目前利病，据实奏闻，仰祈圣明鼓忠剔奸，早奠东南半壁事。

窃惟皇上用人破格，并加意宗臣⑥，实欲厚培国脉，共致太平，亦何难驾虞周而超汉（宗）[宋]哉？不谓内地多忧，奸邪日炽，求其所谓正谊明道⑦者无几也。臣敢以臣身所历之危，痛哭为我皇上言之。

剿瑶之役，已举于臣未任之先，非臣之抚驭不臧，亦非臣之好为生事可知。及剿而独雕，军寮、马箭二排居中，六排居后，且八排一种分苗，

---

① 西畴：xīchóu，西面的田畴。泛指田地。

② 羁縻：《史记·司马相如传·索隐》记载："羁，马络头也；縻，牛靷也"，引申为笼络控制。《史记》卷二十五《律书》记载："故偃武一休息，羁縻不备。"

③ 鹄面鸠形：面如鹄，形如鸠。形容人饥饿瘦弱、面容憔悴。

④ 逾额：犹超额。清代林则徐《验收白茆等河挑浚及闸坝工程折》云："所挑宽深丈尺，多有逾额。"

⑤ 鉴宥：审查后赦免；原谅。

⑥ 宗臣：为世所宗仰的臣子。《汉书·萧何曹参传》赞曰："唯何、参擅功名，位冠群臣，声施后世，为一代之宗臣。"

⑦ 正谊明道：维护公理，明了道理。

百年姻娅①，接壤而居，势若常山之蛇②，击其中，首尾必顾，容有羽翼而能取其头目乎？况方是议雕，旋是议抚，未知痛创，何威可畏？苟且了事，何德可怀？招不来而呼不应，一雕启衅③，计左于先。

此按：臣柳寅东一疏有云"旋剿议兵，兵撤复叛"。此二句勘破人情贼势，真若列眉④观火矣。今奉会剿之旨，动四省之兵，半（璧）[壁]安危所系，天朝荣辱攸关，是岂异人之任而漫为尝试哉？然任事诸臣，实心任事者不少，而忕惕⑤欺蒙者更多。见害则知爱生，见利悯不畏死，人尽如此，廓清难待，如选将用人，不可不慎也。倘复以败兵之将，统无制之兵，总三军之命，非惟威信不行，抑且衷情不切。济则居功，不济卸罪，逍遥河上，颠倒局中，一片情由，毫无忠荩⑥。或在督臣仰体皇上略过殊恩，委而用之，速图报效。甚有担圭（折）[析]爵⑦者，受瑶贼而通线索；标牙建纛⑧者，残民命而冒肤功⑨，以致腹心干城之将⑩，如副总兵陈鹏等率敢死士数百人捐躯报国，群奸误陷，忠魂其能瞑目乎？此本年二月二十二日事也。

嗣是逡巡⑪畏缩，筑舍道旁，贼骄民困，师老饷穷，兵有脱巾⑫之扰，民动去乡之思，皮之不存，毛将安附？连之为连，尚可言哉？然今所望起

---

①　姻娅：亲家和连襟，泛指姻亲。婿父称姻，两婿互称曰娅。

②　常山之蛇：古代传说中一种能首尾互相救应的蛇。后因以比喻军事上首尾相顾的一种阵法。

③　启衅：引发嫌隙，挑起争端。明代张敬修等《文忠公行实》记载："太师复以书抵王公曰：今之议者，皆谓和戎示弱，开市启衅，此殆不然。"

④　列眉：两眉对列。谓真切无疑。《战国策·燕策二》记载："吾必不听众口与谗言，吾信汝也，犹列眉也。"南宋鲍彪注："列眉，言无可疑。"

⑤　忕惕：苟且偷安。清代管同《书李氏三忠事迹考证后》说："元人不知治术，无政无教，忕惕数十年，海内土崩瓦解。"

⑥　忠荩：犹忠诚。

⑦　担圭析爵：指任官受爵。《文选·扬雄》云："析人之珪，儋人之爵。"张铣注："言当分人君之珪，以为上列之诸侯，荷人君之重爵。"

⑧　标牙建纛：纛，dào，古代军队的大旗。牙纛，牙旗，指军中的旗帜。比喻声势显赫。

⑨　肤功：也作"肤公"，意为大功。《诗·小雅·六月》云："薄伐猃狁，以奏肤公。"毛传云："肤，大；公，功也。"

⑩　干城之将：干城，盾牌和城墙，比喻捍卫者。指保卫国家的大将。《诗·周南》云："纠纠武夫，公侯干城。"

⑪　逡巡：qūnxún，意思是徘徊不进；迁延，迟疑。

⑫　脱巾：脱下头巾，改戴官帽。指开始入仕。这里借用为想脱离军籍。

死回生一着，又调潮漳署总兵郑芝龙。此一臣者，威名已寒贼胆，忠义可格①天心。每谈及欺（娱）［误］之俦，不胜眦裂②，截发定盟，誓以图国士之报。伏乞皇上大张乾断，鼓忠勇而剔奸邪，则荡平不日可奏矣。臣非不知上有督按两臣，志坚办贼，明足烛奸，事到彻头，功罪自见。臣奚敢越俎③？若待事后哓哓④，不几补漏之迟乎？盖缘痛切剥肤，难同谈笑，纵言出而祸随之，不及暇顾。但得剿可犁庭⑤，抚能解剑⑥，务保金瓯无缺⑦，少报高深，即将臣斥逐归田，尽菽水于孀慈，固不失为孝子。万一加之斧锧⑧，剖赤心于彤墀⑨，又不失为忠臣。得一于此，无忝盛明之世矣。云云。

［明］崇祯十五年（1642年）五月日奏。

详两广文⑩　　　　［朱若逸］

为逆瑶万分强逞，孤邑万分难支，乞定旷世全谋，早奠东南半壁事。

照得连阳之苦瑶也，如人之患痛，日无甘食，夕未安枕，以为躯命攸（间）［关］，未敢轻用瞑眩之药⑪，则患者愈苦而难禁。每用宽和之剂，能息一时之痛，便称为国手。不意日复一日，年复一年，腹心已受其病。内病既深，外患必烈。至于莫可救药，虽起扁鹊而用之，万无有济。则今日之瑶，宁独关连阳之躯命，实朝廷增一腹心之疾也。

兹蒙上台念切救民，除氛荡寇。旧年英德、乳源同管水等处地方失事，

---

① 格：感通。

② 眦裂：zìliè，目眶瞪裂。形容盛怒。

③ 越俎：主祭者跨过礼器去代替厨师办席，比喻超出自己业务范围去处理别人所管的事。庄周《庄子·逍遥游》云："庖人虽不治庖，尸祝不越樽俎而代之矣。"

④ 哓哓：争辩不止的声音。

⑤ 犁庭：把庭院犁平为田。比喻彻底扫灭。明陆世廉《西台记·第一出》云："但使我犁庭有日，即覆巢重保。"

⑥ 解剑：不违背自己许诺的心愿。亦指卸官。

⑦ 金瓯无缺：金瓯，指国土。比喻疆土之完固。《南史·朱异传》云："我国家犹若金瓯，无一伤缺。"

⑧ 斧锧：fǔzhì，斧子与铁锧，古代的刑具。

⑨ 彤墀：即丹墀，古代宫殿前的石阶。用红色涂饰，故名。借指朝廷。

⑩ 详两广文：书于明崇祯十五年（1642年）五月。

⑪ 瞑眩之药：指服食后反应强烈的药。

又杀守备陈邦对等官，察系军寮、马箭二排。致兴问罪之师，外三排如油岭、横坑、行（墙）［祥］，内三排如火烧坪、大掌岭、里八峒，业已归命，诚良举也。但瑶性叵测，二排固为贼首，安知其不连结合从①，大肆蛇豕之凶乎？六排固就戎索②，能保其不阳离阴合、互兴狐兔之悲乎？唇亡齿寒之意，彼亦有之；狼贪兽行之俦，我辈难料。藉非天威赫怒，大震雷霆，则寻常祸福，何能戢其暴而慑其心也？

卑职本年（明崇祯十四年，1641 年）二月二十七日到任，适际雕剿，募兵措饷，修城设械，以筮仕之官，兼悬罄之邑，百务丛集，万苦备尝，共期灭此而后朝食。蒙调陈都司提兵驻县，于五月初一日进师，官兵择地筑垒，乡兵入山向导，遇贼血战，铳毙多瑶。讵意③倾巢而出，童妇操戈，蜂拥难遏，孤军深入，犹幸存归。由是倍肆跳梁，遇人则杀之，见货则御之。告焚告劫者，怨声载道，号哭盈庭。危哉小邑孤峙！诸排揭竿而起，遍体受伤，所谓近火先焦者，非连山其谁耶？

卑职莅任以来，奔走御侮，不殊荡子从军，援寡力孤，安能一木支厦？救此失彼，左堵右奔，应接不暇，智力俱竭，袽衣之戒，何日忘之？幸藉监军道之指，纵本州之运用，复调清连马守备、万都司镇县加防，智略超群，进止有度，丸邑获邀瓦全，赖上有锁钥，下有长城也。第兵少粮稀，即使武侯复作，束草不能荷戈，量沙不能饱士，欲敛兵而议抚，是畏虎而啖之以肉也。将寡卒以敌众，是攻虎而驱之以羊也。两局皆知其无济矣，姑用羁縻之术以愚之，俾连民获一日之生，则连吏缓须臾之死。然渠魁④暂戢，而余孽乃狂矣。用并寨之法以守之，官虑无民则何治？子忧无父则谁依？然子弟可保而田畴尽芜矣。斯时也，民之望兵如望雨，呼救若呼天，则陞将增兵，固目下宽和之散，而会师裕饷，实此时瞑眩之剂。趁此刈获

---

① 合从：亦作"合纵"，泛指联合。
② 戎索：戎人之法。《左传·定公四年》云："启以夏政，疆以戎索。"魏晋时杜预注："大原近戎而寒，不与中国同，故自以戎法。"后以泛指法令。
③ 讵意：哪能料想到；不料。
④ 渠魁：首领，头领；大头目。

未登，仓无储粟，急以云屯之虎贲①分吭其喉，加以风励之俍兵②，合捣其穴，使蠹贼失有秋之望，我师有藉饱之粮，或者乘时殄灭之一机会也。过此以往，则狡逆猖獗，更不可测。乞颁宪敕③，迅发神谋，务令毒尽而疮痍起，薪收而鼎沸清，剪此蟊贼，保连阳之境土，砥半壁之狂波，又去朝廷一腹心之病，救连民万死一生之日，佐圣主鞭长不及之时，岂非当道有回天之力哉？

卑职非不知国家多事，敢孟（狼）[浪]④狂谈。但事势如此，瑶之骄逞，民之伤残，莫有甚于今日者。恐省事实生事之阶，养病实加病之候，星火不灭，燎原酷焰，不在他年，即在眉睫间矣。卑职不敢不据实陈详言之于早，致噬脐莫及⑤矣，可乎？至若卑职以铅刀钝器，盘错⑥无能，或早为贬逐，敕能吏而救群黎；或存作备员，甘死难以酬宗社⑦。云云。

又详⑧　　[朱若𬤇]

看得瑶丑未宁，朝廷益腹心之患；牛羊不保，下吏重刍牧之愆⑨。除恶而恶愈横，去害而害更炽，猃狁⑩孔亟⑪不过于斯矣。

卑职到任，适（逢）[逢]雕剿，非不虑鲸鲵⑫难驯，自古已然。但上

---

① 虎贲：勇士。《尚书·牧誓序》云："武王戎车三百两，虎贲三百人，受战于牧野。"
② 俍兵：又作"俍师"，是明代军制组成的一部分，由广西土司组建的地方武装构成，在明代"剿贼""御倭"中起到重要作用。《明英宗实录》卷三十五记载，正统二年（1437年）十月，广西大藤峡等处瑶乱，广西总兵官调俍兵参加镇压，"俍兵素勇，为贼所惮。"查连山福堂陆姓、太保莫姓、福堂覃姓等族谱，均有对其来先祖源自广西俍兵的记载。
③ 宪敕：教令。《穆天子传》卷一记载："天子属官效器，乃命正公郊父受敕宪。"东晋时郭璞注："宪，教令也。"
④ 孟浪：鲁莽，轻率。
⑤ 噬脐莫及：shìqímòjí，噬脐，用嘴咬自己肚脐，够不着。比喻后悔也来不及。
⑥ 盘错：盘旋交错。比喻事情错综复杂。
⑦ 宗社：宗庙和社稷的合称。借指国家。
⑧ 又详：书于明崇祯十五年（1642年）五月。
⑨ 刍牧之愆：刍牧，chúmù，指马牛羊之类的家畜；愆，qiān，罪过，过失。此处指百姓的罪过。
⑩ 猃狁：我国古代北方少数民族的名称。
⑪ 孔亟：很急迫，很紧急。
⑫ 鲸鲵：凶猛吞食小鱼的鲸和鲵。比喻凶暴不义之人。《左传·宣公十二年》云："古者明王伐不敬，取其鲸鲵而封之，以为大戮。"

承宪令，下逼民情，修练储备艰苦，何辞于犬马；而战守攻击万全，实藉乎貔貅①。自陈都司一战而后，每朝每夜，无日无天。前月初三日，飞报救援塘报某被戮矣。初五日，递报通详铺兵某被戮矣。官兵咽喉阻塞，上下难通，且倡说攻城擒里排而肢解之，方快其心，万一不虞②。

卑职身膏朝廷之斧钺乎？赴逆贼之汤火乎？始也，抚之不能则行剿；终也，剿之不得则复议抚。夫抚之于未剿之先，犹可为也；抚之于进剿之后，不可为也。抚之于痛创之际，犹可言也；抚之于决裂之余，不可言也。卑职奔走焦思，呼天而天高不应；连民恓惶③隅泣，望雨则雨后难苏。卑职不足惜矣，忝读六经书，得以弹丸藏拙；恨无五丁④力，不能才铁收功，自甘贬逐以谢群黎。伏乞速定睿谟⑤，拯兹遗子，万民顶戴。自有生之日，皆上台再造之恩也。

细绎二疏二详，字字皆血。当日剿抚，两者已灼然于胸中矣。奈将不用命，且动辄掣肘，收功实难，此所以赍志而殁也。昔人谓读《出师表》而不堕泪者，其人必不忠。予谓读此文亦然。

碑　记

迁建学碑　　张化凤

国之大事，在祀与戎。牧之攸司，惟教与养。予承乏连邑，值四方多垒，策饷防边，羽书朝夕，急日为戎事⑥鞅掌，民力俱惫，弦诵几废，

---

① 貔貅：比喻勇猛的战士。
② 不虞：不及预料。
③ 恓惶：xīhuáng，惊恐烦恼悲伤的样子。
④ 五丁：传说中在古蜀国有五个大力士负担开山的劳役，被称为五丁或五丁力士。唐代《艺文类聚》卷七引汉扬雄《蜀王本纪》云："天为蜀王生五丁力士，能献山。"
⑤ 睿谟：皇帝圣明的谋略。
⑥ 戎事：军事，战事。

（郎）［即］牺牲粢盛，无以致其丰洁。予方怵惕①惟励，窃惧振起之无术也。幸而狼烟浸息②，予得优游坐理，雅喜其民力田务本，淳朴尤近古风。公余，每询之父老子弟，凡利于民者兴之，不便于民者去之，不惮绵力之（诎）［绌］也。

首议建学，以是为祀典所由重，誉髦③所由征也。佥告于予曰："学宫旧在县治之左，规模湫（溢）［隘］，兵燹④圮废后，历多年所，［清］康熙六年（1667年）康君泽含迁建于邑之西郊，圣殿两庑，翼翼雄厂，篆文镌石矣。惜未逾年，公以艰去，规制犹未备也，盍丹雘⑤焉可乎？"予曰："康君之意善矣，康君之功劳矣。今踵而饰之，功约费省，其谁曰不可？但顾瞻形局，在邑之东里许，山势蜿蜒，溪流环绕，昔人建塔于上，秀色凌空，藉地灵以发育人才，宁惜更张欤？"

会学师梁君月友，更精堪舆之术⑥，见适相符，且为定方位，卜时日，（辄）［诹］吉⑦移其榱角椽题及砖瓦物料，鸠工⑧，经始捐资，以补不足。若殿、若庑、若棂星门，次第落成。其前泮池、戟门则月友先生所建。余于其后复作文昌阁、魁星楼，层叠相接，植以嘉树，郁郁葱葱，轮奂改观。于是春秋释奠⑨，月吉瞻拜，与诸生旅进行礼，肃肃焉，雍雍焉，风气若为一新也。

然余有厚望焉，诸士勉乎哉。夫学以造士，在士尤当自造。国朝三十余年，文教聿兴，海内儒风，龙骧凤翙⑩，连士登贤书⑪者，邈无闻焉。夫

---

① 怵惕：chùtì，恐惧警惕，惊恐。

② 浸息：止息，停止。《汉书·刑法志》云："吏安其官，民乐其业，畜积岁增，户口寖息。"

③ 誉髦：yùmáo，谓选拔英杰之士。后因以此指有名望的英杰之士。

④ 兵燹：bīngxiǎn，指因战乱而遭受焚烧破坏的灾祸。

⑤ 丹雘：可供涂饰的红色颜料。涂饰色彩。

⑥ 堪舆之术：又称相地术，俗称风水术。属于占相阳宅（生人住宅）和阴宅（死者墓葬）的地形、环境、结构、坐向以测断吉凶休咎的方术。

⑦ 诹吉：选择吉日。

⑧ 鸠工：jiūgōng，聚集工匠。

⑨ 释奠：古代在学校设置酒食以奠祭先圣先师的一种典礼。

⑩ 龙骧凤翙：lóngxiāng-fènghuì，像龙一样昂首奔驰，像凤一样飞翔，比喻奋发有为。

⑪ 登贤书：明清时期称科举乡试中试者为登贤书。

蓄极而发，将来人文丕变，必腾茂蜚英①，翱翔上国，殆联翩起矣。诸士勉乎哉。予不文，不能远征古制，以昭垂文治，惟即于典祀作人之意，漫纪其巅（未）［末］②，以额于碑首云。

　　［清］康熙辛酉（二十年，1681 年）仲春中州张化凤记。

又碑③　　邑人罗瑞栴④撰

　　张侯莅连几四载，烽烟甫息，衽席初登，（郎）［即］谋迁建学宫。或曰："连学，前康侯已建之地尽善矣，吾侯其盍增所未备。"侯曰："固也，夫尊师之位，贵以南而拱北；而发育之地则舍阴以就阳。"学宫昔在县治之左，因鼎革倾圮，康侯既以湫（溢）［隘］不足大观，故（陬）［诹］吉于县西鳌头之颠，然西为阴肃之区，东乃阳明之地。

　　余闻明时有代庖朱君，讳永年者，曾议建于塔亭之阳，余尝游而乐焉，是余之心与昔人合矣。兹适学师月友梁君初来，其诹吉意，复与余合尔。耆老幸（母）［毋］惑。余从俭约中积俸金若干，庀材⑤选料，自不以累尔民。于是遂鸠工迁建，殿庑陛阶，轮奂为之一新。父老因感侯之德，佥谋所以纪侯不朽者，因属序于余。余曰："敦素则丹臒可施，积薪则后来居上。侯之是举，其惠连者至矣。"余因叹世之为民牧者，惟以钱谷簿书⑥为尽职奉公之具，间有粉饰筌蹄⑦也，刍狗⑧也；间有竖造台榭也，淫祠也。

　　吾侯六载莅连，虽厅堂衙宇一因前旧，不妄有改作，而独于迁学不以拮据为念，则知侯之于连，欲以弦诵易干戈，迁学岂细故哉？人才教化胥⑨于是系焉。尝考之建学之制，在京师者曰"辟雍"，辟之为言积也，积

---

　　①　腾茂蜚英：又作"蜚英腾茂"，指人的名声与事业日益昌盛。《史记·司马相如列传》云："俾万世得激清流，扬微波，蜚英声，腾茂实。"

　　②　巅末：从开始到末尾，谓事情的全过程。

　　③　又碑：书于清康熙二十年（1681 年）春。

　　④　罗瑞栴：今吉田镇沙田木根人，拔贡罗文解之子，科待考（拔贡），明末任临清州同知。

　　⑤　庀材：pǐcái。备齐建筑材料。

　　⑥　钱谷簿书：指地方财政文书事务。

　　⑦　筌蹄：亦作"筌蹏"。筌为捕鱼的竹器，蹄是拦兔的器具。《庄子·外物》云："筌者所以在鱼，得鱼而忘筌；蹄者所以在兔，得兔而忘蹄。"后以此比喻达到目的的手段或工具。

　　⑧　刍狗：古时结草为狗形，以供祭祀之用，用毕则弃之。后以此比喻无用之物。

　　⑨　胥：xū，副词。表示范围，相当于"都""皆"。

天下之道德也；雍之为言壅也，壅天下之残贼也。在郡县则曰"学校"，学之为言觉也，觉天下之颛愚①也；校之为言校也，校天下之道艺也。而规制则必以方者何？明行当方也；而泮宫②则必以圆者何？明德当圆也。使吾连之士因兹之建，游焉、息焉、藏焉、修焉。取古人命名之义，而学以治性，虑以变情，以求精于古人仁义道德之说，则人才蔚兴，风俗丕变，有思泮之乐，无佻达③之讥。为霖雨苍生④，为盐梅舟楫⑤，不愧科名，不愧德业，好修之士知不以地力诿矣。侯之惠连者至矣，连之德侯者，足以不朽矣。予固乐为纪其概云。

侯善政，指不胜屈，而息讼、均灶、禁轻生、教树植，则其大者，建学于某年某月日。前此止正殿、两庑、棂星门，兵燹后毁隤⑥过半；今则不啻殿庑聿新⑦，而泮池、六鳌、魁星楼、文昌阁次第落成，故并详其事。

迁建学宫碑　　康霖生⑧

邑之有文庙也，所以隆师道而兴人材，倡教化而美风俗，洵重典也。是以古之良有司，当下车伊始，他务未遑，莫不以建学明伦为首。诚以风化之原，倡自师儒；而董戒之权⑨，责之司牧。虽人文秀杰之气，原不俟夫陶淑⑩而始成然，未尝不以陶淑而愈成也。

予于客岁⑪初秋，承乏斯邑，薰沐谒圣庙，只见茅茨数椽，仅蔽风雨，苍苔芜艾萃于中，而涤除莫施矣。残砖断瓦环于外，而湫（溢）[隘]叠见矣，始而骇，再而慨。眷顾剥落，实仅咨询，闻前吏亦经集众而议迁议

---

① 颛愚：zhuānyú，愚昧，笨拙。
② 泮宫：西周时诸侯所设的大学。
③ 佻达：轻薄放荡。
④ 霖雨苍生：línyǔ-cāngshēng，比喻恩泽广被于民。用以颂扬廉吏施善政。
⑤ 盐梅舟楫：yánméi-zhōují，意思是盐和梅调和，舟和楫配合。比喻辅佐的贤臣。
⑥ 隤：tuí，崩坠、坠落。
⑦ 聿新：聿，yù，文言助词，意为建筑物崭新。
⑧ 康霖生：字泽舍，河南磁州人，清顺治十六年（1659年）进士，康熙五年（1666年）任连山知县。
⑨ 董戒之权：出自《左传》引《夏书》言："戒之用休，董之用威。"意思是推行善政，用美善来警戒，用威刑来督责。
⑩ 陶淑：陶冶使之美好。
⑪ 客岁：去年。

修，讫无就绪。或曰"啬于财也"，或曰"绌于力也"，或曰"困于时势之难也"。予曰："是不然，今甘淡薄，阛阓①裕金钱矣，安见其啬于财也；今减（瑶）［徭］役，惮人息劳苦矣，安见其（诎）［绌］于力也；今能绥辑，流民庆安堵矣；今能经始，百姓乐观成矣，安见其困于时势之难也。学宫之作，允不可已。"

考之古昔，王者临辟雍，贤侯莅泮水②，讲学行礼，千古美谈。况今国家廓新，天子允大宗伯③之请，俟工告竣，躬行④释奠，（郎）［即］建学明伦，于斯为盛。所谓隆师道而兴人材，倡教化而美风俗，正其时也。连虽十室，然学山峰秀，笔海澜清，行美俗良，伟人间生，则仰止尼山，畴无同志。但欲循旧址，逼近县治，不足大观。余于是不揣狂谬，议图改作，遂卜地于县之西，厥土鳌鱼，厥位面阳，后屏高山，前绕流水；左望云树，葱翠郁苍；右盼层峦，塘茫岞峈⑤，灵秀所钟，莫此为最。乃捐俸倡始，绅士乐应，助之如向随。庀材鸠工，命诸弟子员董其事，三（越）［阅］月而告成，如竹苞、如松茂、如鸟翮奋飞之势，以视昔展拜于残砖断瓦之内，苍苔芜艾之中，规模已宏远矣。又谁曰啬于财、绌于力、困于时势之难也？先儒有言"治天下，正风俗，以得贤才为本"，是贤才为风俗之本，而学校又贤才之本也。今日圣殿聿新，其必有理学蔚起，出而应朝廷设立学校，造就誉髦⑥之美意，则所云"隆师道而兴人才，倡教化而美风俗"。不于兹创建有攸赖欤？爰笔而书之于石。

关王庙碑　　蒋元倬⑦

余读史，每叹侯之烈赫赫，与金石同坚，故自汉以至今日，凛然犹有

---

① 阛阓：huánhuì，街市，街道。借指店铺、商业。此处借指民间。
② 泮水：古代学宫前开挖的水池，形状如半月，故称学校为泮宫。科举时代，又称学童入学为"入泮"。
③ 大宗伯：周官名，掌邦国祭祀、典礼等事。《周礼·春官·大宗伯》云："大宗伯之职，掌建邦之天神、人鬼、地示之礼，以佐王建保邦国。"明清时期，称礼部尚书为大宗伯。
④ 躬行：亲身实行。
⑤ 塘茫岞峈：塘茫，指水面广大；岞峈，zuòluò，山势参差貌。
⑥ 誉髦：yùmáo，选拔英杰之士。
⑦ 蒋元倬：广西北流举人，明隆庆二年（1568年）任连山县令。

生气。无论国都，虽至于遐陬僻壤，无不崇祀，其所以致人之敬，致人之爱者，殆非一朝一夕之故矣。连山僻在万山中，本荆楚地，汉属桂阳郡，昔侯控扼吴魏，经略所及，故连人受侯之赐为多，而爱敬之心益深焉。

余自奉命视篆①于此，首谒侯庙，在邑之西稍南，谒毕，乃喟然叹曰："侯之灵在连，人尚立庙而尸祝②，宜乎蒸尝伏腊③遍天下，而奔走称灵矣。"因询之父老，始知是举，创自道轩俞君。无何俞君去，不惟土木未完，且邑人每以风水不善为说。

余素有山水之（僻）［癖］，又慕侯赫赫之烈，遂捐俸金，卜地于邑东阜门内，得吉。父老亦相率立像金碧之。又命黄冠备具，早暮上香焚楮，于是庙貌一新。展谒者，四时香火，往来甚便。入门俯伏，稽首瞻仰，厥堂洋洋乎若有神在焉。

噫！神道至此，斯称其为神矣！至于峰峦孤峭，涧水澄澈，烟结雾凝，朝浓暮薄，则又祠外之奇观也。父老以庙告成，不可无石趋庭，乞余一言以记之。

余曰："侯之所以取重于当时，垂芳于后世者，以侯慷慨英迈，驰驱南北，可死可生，不易其忠义之心耳。若夫雄持华夏，勇冠古今，乃侯余事也。夫生尽忠义，如日中天，光明显著；死为鬼神，如水行地，无往不存。侯之所以大过人者，端在乎是。后之人能体侯之心，以爱敬乎？侯求之忠义而无愧，质之鬼神而无疑。如是则判然于幽明之理，而侯千载耿耿之心，亦为之时歆④矣。斯役也，其有关于世道乎？其有关于世道乎？"因记之，（碑）［俾］父老辈以镌于石。

---

① 视篆：shìzhuàn，掌印视事。官印例用篆文，故称。

② 尸祝：shīzhù，古代祭祀时对神主掌祝的人，主祭人。此处指祭祀。

③ 伏腊：fúlà，也作"伏臘"。古代祭祀在农历夏季伏日为"伏"，农历十二月为"腊"。指一年两祭之日。

④ 时歆：古谓祭祀时鬼神享受祭品的香气。

重建集灵庙　　陈宗谔①

连之封内，民以数椽屋，立土木像，供香火，荐牲血，岁时坎鼓②铿金，以从事于鬼神之事者，浩不可纪，往往多出于间阎鄙语之（淫）[谣]。私考其载在祀典，正而不庀者才二十余所，大率皆有额爵③。惟六侯之神④最为灵显，独其爵额功德昭著，民所畏信，久而不忘。《传》曰："盛德及民，必百世者，几是欤！"

昔在皇祐中，侬僚⑤犯邑属，瘟淫蛊食，寖及于连。时太平日久，民不识金革，窜伏山谷，城郭萧然。神于是时炳灵助顺，散出阴兵，布匝城叠，旗帜戈甲，当昼赫变。贼莫测其所，自谓有王师之至，闻风鹤之声，观草木之象者，无不震栗。已而遁走，境内以安。其后事闻于朝，得赐金额。庙向乾昆山，峭壁万仞，丰隆峻极，北与九嶷相甲乙，下临潮水飞来，溅来如奔雷激电，泽洞所潴，蛟龙伏焉。故其神集山川之灵，能兴云雨，捍患救灾，福及一方。凡盗贼、兵火之不测，水旱、疫疠之无常，祷焉立应。事再闻于朝，得赐金爵，可谓不于庙有德于民，血焉而不忝其祀者。其与木居士置诸道隅，聋瞽愚昧，使往来侥无根之福者，岂不相万万哉！

绍兴辛酉（十一年，1141年）冬，修武郎⑥、（间）[阁]门⑦祗侯⑧、

---

① 陈宗谔：字昌言，宋代连州人。工文章，著述甚富。绍兴中，任泷水县丞，摄端溪令。清同治九年（1870年）《连州志点注本》第385页有传。此文为陈宗谔撰，碑为黄昶立。

② 坎鼓：击鼓。《诗·陈风·宛丘》云："坎其击鼓。"

③ 额爵：指国家的赐额封爵。

④ 六侯之神：宋代加封南海神祝融为"南海洪圣广利昭顺威显王"，又加封祝融部属达奚司空为助利侯、杜公司空为助惠侯、巡海曹将军为济应侯、巡海蒲提点使为顺应侯、王子一郎为辅灵侯、王子二郎为赞宁侯。

⑤ 侬僚：指宋代广西少数民族首领侬智高。北宋皇祐四年（1052年）四月，侬智高起兵反宋，久攻广州不下，七月回师，由清远渡江经连山返回广西。

⑥ 修武郎：武阶官名。北宋徽宗政和中，改内殿崇班为修武郎，秩正八品。

⑦ 阁门：阁，原指皇帝上朝的宫殿，宫殿东西两侧有门，称阁门，是百官入宫上朝参政必经之路。宋代始置东上阁门、西上阁门使及副使等官。庆礼奉表，东上阁门掌管；慰礼进名，西上阁门掌管。

⑧ 祗侯：官名。宋朝置于东、西上阁门，辅助阁门宣赞舍人，与舍人同为阁职。

殿前司①摧锋军②司统领军马黄进，被天子命来戍于连。按兵示威，不穷不显，积年猾寇，影灭迹绝，民宴如也。一日观兵，升高望远，以鞭指昆湖之山，谓左右将校曰："连以山得名，是山扶舆③郁积，上薄霄汉，一州清淑之气，尽属于是。是中不有仙人、释子之馆，必有神灵之官府。"问田夫，对以六侯之迹。于是退而清晨斋沐，率其部帐公谒祠下。精虔祀事，牲肥酒旨，恍惚④之中，若有鬼神之物阴来格⑤者。奠毕，徘徊瞻顾，叹屋卑陋，不足以称邦人之崇奉。于是愿割己俸，易而新之。左右将校有乐出财力者，亦所不问。不逾时，殿宇深（恤）[深]，神威凛凛，入其门，升其堂者，恭肃之心莫不油然而生。事既落成，属宗愕为记。

闻国之大事，在祀与戎，二者可相有，不可相无。方战国时，人皆乐战而妄祀，故孔子对卫灵公之问陈，则曰："俎豆之事，则尝闻之矣；军旅之事，未之学也。"盖所以讥当时之人，知战而不知祭者。呜呼！惟战以忠，故能服人；惟祭以诚，故能格神。今黄公挥三军五兵之事，临机果料敌明，既已根于忠智；而骏奔走、执笾豆⑥，未尝跛倚以临事，抑又笃于精诚。其于战国之士岂可同日而语哉！孔子曰："我战则克，祭则受福。"诚哉斯言也。

宋绍兴十三年（1143年）癸亥三月十五日总首黄昶立。

重建邓侯庙记　　吴琮⑦

尝观昔人有"生当封侯，死当庙食"之语，则知功之立于当代者为甚大。又观"生为明人，死为灵神"之语，则知德之著于后世者为甚显。功德之在人心，历千万世如一日也。何谓功？记图书于台阁焚毁之余，立城

---

①　殿前司：官署名。后周始设，宋朝沿置，为禁卫官署。其官有都指挥使、副都指挥使、都虞候各一人。宋代的殿前司与侍卫亲军司合称"两司"，为宋代禁军最高指挥机构之一。

②　摧锋军：宋代因岭南多盗，为平定盗乱而成立的军队编制单位。

③　扶舆：也作"扶於""扶与"。盘旋升腾的样子。

④　恍惚：huǎnghū，指精神游离在外，不能集中，神志不清，思考能力下降。

⑤　来格：来临或到来。

⑥　笾豆：古代祭祀时盛祭品的两种器具。竹制为笾，木制为豆。

⑦　吴琮：宋代连州人。清同治九年（1870年）《连州志点注本》第237页记载："宋·特奏名吴琮，高州文学。"

濠于本郡维藩①之地者，是也。何谓德？智慧通于神明默相之助，聪敏达于帝眷宠知之日者，是也。夫是以生则有司徒之职，死则有庙食之灵，其功与德至今彰彰在人耳目，有不可得而掩也。

阿鲁，刺史名也；约子，刺史字也；烧陂里，刺史家居之地也；灯盏岭，刺史行孝之所也；邓公山，刺史感异人腾空山之名也。生于宋齐之间，为儿时显姿俊采，杰然间出，达权知变，非有庸常者之所可窥也。事亲尽孝，可以显其终身之大节。考之齐太子宫中书，记叙其本末，略可知也。[南齐] 永明元年（483 年）正月，有圣僧投寝于邻舍成公家，成公怒而不内，是莫知富贵利达者。刺史之母割鸡为黍而食之。后获其果报之恩，与之卜地葬父于村北二里间。此齐世祖武帝（郎）[即] 位之初年也。是时为郡小吏，差送图书于京师，当煨烬②之末者，师宿而莫记旧闻，独刺史出应帝诏，以任记问之责。一时隐若神助，口诵如流水，布筹③如飞，书吏俱有腕脱④之告。使图籍散而复全，晦而复明，可谓有功于国家也，多矣。此食邑之褒，刺史之封，乃宋苍梧王元徽初年正月之号也。

其大功伟绩，辉映古今，自有当笔⑤之简册。惜乎生于宋齐之末，其君资质凡陋，名存而实亡，不足以图事。使其生遇明时，其勋业当与天地相为久长，载在祀典，铭之鼎彝⑥，表而出之，以垂不朽之功。岂特富贵其一身，将以及其后代子孙世禄之美也。大抵天下之事，有大学问，则必有大功名；有大力量，则必有大设施。古之君子以天下为己任，为人之所不能，为立事之所难立，当时称其功，后世蒙其德。若乃规规畏谨，无大建立，后世而名莫之称焉，不过与草木俱腐而已。斯人也，果何补于世哉。以是刺史之立身行己，援乎其萃故乡于衣锦之荣，本州城濠之建，台阁图书之记，足以表其功；锦袍、玉带、玉环之赐，细马、美女、杂缫之赠，足以彰其德。及其筮仕之日，考之史传，略而不载；问之耆老，阙而无闻。

① 维藩：意思为保卫疆土的重任。
② 煨烬：wēijìn，燃烧后的残余物，此处指火灾。
③ 布筹：筹是古代用竹、木等制成的小棍儿或小片儿，常用来计数。此处指计算。
④ 腕脱：手腕脱位，形容书写急迫紧张。
⑤ 当笔：主持撰拟文稿。
⑥ 鼎彝：dǐngyí，古代庙中祭器，上刻表彰有功人物的文字。

血食①此邦，但知其德，使州郡立其庙于城邑之左，子孙创其祠于故里之间，以为春秋祭祀之地。自宋齐至于今日，寥寥数百载，神之应灵，祭之如在，以致此耳。水旱、盗贼、蝗虫、天灾流行，凡有祈祷，随叩而应。非仅四方受其福，而本支百世绵绵瓜瓞②，共享其无疆之休者，惟神是依。

阅岁寝久，祠宇废坏。子孙广庙宫而大之，（于）［廓］其庭坛，高其栋宇，百用俱在。丁亥（宋宝庆三年，1227 年）③，规模鼎新，请书其事于石。予谓："邓侯生能泽连民，死能庇连民，可谓灵也。"予非能文，不敢固辞。于是述己所闻，证以古事，为古鄙语，特书功德之盛美，非敢以当达者，因以纪岁月云尔。

时岁在丁亥宝庆三年（1227 年）上庐乡门壻④免解⑤进士吴琮撰。

建牛鼻潭桥碑　　张化凤

连山与州壤接，东西相距七十里，傍山绕涧，始出鸡［笼］关。由关至牛鼻潭，溪流中阻，途相半焉。其地虽属州治，然连人往来，绎络肩摩，盖出入必由之道也。旧架小桥，蜿蜒水面，波光摇漾，目眩神飞，措足惟艰。又为洪涛所损，春夏之涨，秋冬之寒，行道咨叹。

予承乏兹（士）［土］，每驺从⑥攸止，骇瞩惊心，恻然动念，（郎）［即］欲建一桥以垂永久。甃⑦石柱砥流，架以板，傍作栏干，既坚且稳，俾行旅不虞倾仆，亦司牧责也。然工力颇繁，捐资则俸薄无几，顾奢力（诎）［绌］，竟弗克举，兹又将赋归来矣。若不亟为修创，终属遗恨。因念斯桥既为斯土利济，则斯之父老子弟、绅士商贾，必有与余同志，自应相助为理也。于是捐资以为倡，托僧古庞募焉。一时题助云集，鸠工聚材，

---

① 血食：谓受享祭品。古代杀牲取血以祭，故称。

② 绵绵瓜瓞：miánmián-guādié，如同一根连绵不断的藤上结了许多瓜一样，引用为祝颂子孙昌盛。

③ 据清道光十七年（1837 年）刻本《连山绥瑶厅志》"巾子山"条末尾有"时岁在丁亥宝庆三年上庐乡门婿免解进士吴琮撰"。

④ 门壻：也作"门婿"。入赘的女婿。

⑤ 免解：宋承五代后唐制，举人获准不经解试荐名于朝廷的地方考试，直接参加礼部试，称"免解"。

⑥ 驺从：zōucóng，古代贵族、官员出行时的骑马侍从。

⑦ 甃：zhòu，用砖瓦砌。

不两月而告成矣。众请勒石，以载助金者之姓氏，爰述其事，以额于石。

[清] 康熙二十年（1681 年）岁在辛酉孟春，中州张化凤记。

建龙水①桥碑　　张化凤

自县西鳌鱼水斜迤一径而南五十里，为上吉，自上吉下凹逾岭，穿林至顶，复委蛇而入，扪萝而下三十里，为茅田岭。岭之麓，龙水界焉。自隆冬时，涉者视之，真不啻蚓之蜿丘、衣之悬带也。及至春夏之交，则溪壑厥量易盈。虽烈日悬空，寸云所合，辄灌为溯湃。其间，倏大倏小，朝涉暮阻，行道者适于其际，闻波涛之声，见汹涌之状，息肩裹足，目眩神摇，而气为之顿索，纵勇贾②冯河③，而不济之叹等于望洋。三载于兹矣，岂非山可层蹑而登，水不可褰裳④而涉乎？

余昔会与巡宰汤升捐金修整，未几，即为洪涛荡去。诚以资不多，材不巨，狂流无砥，任事匪人，非阳侯之真，能为我虐也。兹不揣欲再续前志，因倡始捐薄俸及醵金⑤共若干，于是甃石有资，工木有具，庀良材，任巨砥，旬日间，（郎）[即] 告成。时适辑邑志，诸子以为徒（扛）[杠]⑥ 之书，王政不废，盍与《牛鼻潭桥记》并刊？余曰："溱洧⑦之济，子舆⑧致讥。"是举也。余尤惧不足于君子之政，若以为市惠也，余则何敢。

[清] 康熙二十年（1681 年）仲春，中州张化凤记。

邓约子序　　任昉

邓鲁，字约子，小桂郡桂阳下卢水龙口村郭尾烧陂里人也。今改为绍

---

①　龙水：源于大程山（今大头帝），向西南流经茅田山下，流入大滩河永丰河段。

②　勇贾：意为鼓足勇气。

③　冯河：pínghé，徒步涉水渡河。冯，通"凭"。冯河即无舟渡船，只能涉水过河。

④　褰裳：提起衣裙。

⑤　醵金：醵，jù，集资，凑钱。

⑥　徒杠：túgāng。意思是可供徒步行走的小桥。

⑦　溱洧：zhēnwěi，溱水和洧水在今河南省境内，春秋时位于郑国境内。《诗·郑风》有篇名为"溱洧"，描写男女眷游之乐。

⑧　子舆：指曾子。即曾参，字子舆，春秋时代孔子的得意门徒。

陂村。父思露，母张氏，好斋戒，不茹（晕）[荤]。思露年二十九，从军出征，时阿鲁年四岁，父登途诀别，鲁悲涕交流，跪启父曰："大人从军何时可还？"父曰："王事未可知也。"鲁拜伏泣曰："天不遗孤幼，愿康宁早还。"父既去，鲁方五岁，忽暴亡。母哀念，不忍遽葬。经两日，颜色变，邻里为殡。埋越夕①，过墓者闻有号呼声。告其母，共发其棺，见颜状如生儿。归就帷寝，薄进粥饮之，久苏省。因问其故。鲁曰："上帝谓'功曹须一时者应命，差择尔至'。"七岁，归殡屋侧田间。及三年，鲁曰："父在浅土，非人子所安。当远寻师以安宅。"其母曰："有兄弟三人，汝最季末，能念念求地葬父，真孝子也。"

[南齐]永明元年（483年）正月二十一，忽有僧来投寝邻舍成公家，僧喜其厅事爽闿，未及解包。成公出，大怒诃责。僧曰："与檀越②有旧缘，志存普济苍生，救援困苦。今巡行四方，接引郡品，欲留经一卷与汝，使其流福子孙，永代吉昌。"成公曰："家中有病人，不宜见外客。"师闻遂趋出。顾谓成公曰："汝不欲富贵耶？"阿鲁母隔墙闻之，出门礼接其僧到家止寝。须臾间，阿鲁自外归，喜甚。再拜其僧。与母具馔供馈。母问和尚："餐俗味否？"僧曰："汝能种种供养，何为不食？"母命鲁烹母鸡食之，将去，留经一卷与鲁，曰："吾暂上高山，不久复来。"遂出门，乘五色云，冉冉而去。今号其山为"腾空山"，俗呼为"邓公山"。

时京师台阁文帙，遭火无遗。诏郡国悉上民间所藏。阿鲁为郡小吏，差送图籍至京，白母曰："儿去上国，岁月必久，师期迁葬，今未见至。"因泣下。闻叩户声，出视，乃前留经僧也。僧曰："与子有旧契。欲来验前言耳。"阿鲁再启拜僧曰："今欲葬父，吉地何在？"僧曰："汝急葬父，无烦远访。今村北二里间山冈极秀，下穴而葬，富贵俱全，将出异人。"僧命阿鲁伐箭箬竹一握、杉木一片，埋在所卜处，谓曰："若要长久富贵，候竹生时（郎）[即]葬。其下作东方向。"阿鲁送载籍入京，期岁，母往视之，竹枝已扶疏成干，遂徙葬焉。阿鲁自是精识敏悟，预知未来事，术数惊人，变化不测，若有神助。

① 越夕：第二天傍晚。
② 檀越：佛教用语，指施主。即施与僧众衣食，或出资举行法会等之信众。

阿鲁送图籍，沿留淹久，及至京，舣①岸浒②，会有诏中外之士能强记洽闻、疏录文籍，当任择九州刺史。中使③传呼甚厉。鲁闻之，自舟尾出，应曰："我造得。"史臣掖传阿鲁入奏，帝曰："卿是何人？"鲁曰："臣是小桂郡人，被差送文籍至京，闻陛下诏人造图籍，臣故应诏。"帝曰："图籍故非该博之才，不可强为，与作文章不同。"鲁曰："臣本郡图籍，曾遭水淹坏，漫不可识，臣曾疏暗记录，无一字差错。"帝闻大悦，曰："朕台阁被火焚烧，在（庭）［廷］儒臣不能考究。卿能作成，朕岂惜官爵耶？"鲁奏乞书吏二百人，口占令授，并自布筹，敏速如飞。吏曰："告公缓之，腕将脱矣。"凡三日三夜，图籍书成。上之诏群臣参证，略无遗误。帝奖谕阿鲁曰："卿元识开悟，为朕再兴坠典，重阐亡图，当与九州刺史，唯尔所择。"鲁谢曰："臣（小）［少］④小庸贱，天赐精神，洞然自达，补完遗书，何足为劳？弗敢过念。臣家有老母，望陛下睿慈⑤，令归本郡，创立州城，守官给禄，得终事养，不胜犬马之幸。"帝从其请。

［南朝宋］元徽初年，齐太子、步兵校尉东宫书记任昉叙。

长迳山记　　夏瑜

邑东数里有长迳山，高数百丈，周二十里。其脉自巾子山来，山势中断，若蜂腰然。有迳路，连民出入由此。西通怀贺，北抵锦田，路多石壁悬崖，可徒行，不容车骑。春夏山水瀑涨，所过冲薄荡啮，大为民患。有司岁加葺治，然费役虽冗，随治辄坏，上下交困之。

近年因广右峒蛮窃发，越境攻陷邑治，占据为巢，吏亦蒙害，民流四方，迳路益崩坏，而不可行也。蛮亦恃险阻，大肆陆梁⑥，劫掠无宁岁。武臣虽拥重兵坐守城衙，不能施一策，以故日炽而莫之御，费用日冗而莫之恤，生民日困而莫之拯。

---

① 舣：yǐ，停船靠岸。
② 岸浒：ànhǔ，陆地的水边。
③ 中使：宫中派出的使者。多指宦官。
④ 据民国十七年（1928年）《广东连山县志》卷十六《遗闻志·轶事》改。
⑤ 睿慈：指皇帝的仁爱。
⑥ 陆梁：嚣张，猖獗。横行无阻。

匝一岁，方得孔侯（韶）［昭］文①来知是邑，首访疾苦，招抚流移，民之艰食者，贷借官谷以赈济之；民之失业者，分拨荒田以开垦之。饥者赖之以活，窜者募之以归，贼亦寻息矣。［明］天顺六年（1462 年）春，天兵南下征诸蛮峒，（韶）［昭］文躬率民款当先，克破贼巢，擒斩丑类无算；修复县治，凡学校、祀典、坛宇皆一新之。百废咸举，庶民允怀，父老交相胥庆，拜曰："侯诚有功于斯邑，造福于我民也。今害除矣，利当兴焉。"

长迳山（石）［为］②连山通衢，出者必由是，入者亦必由是。顷因峒蛮作耗③，路已蓁芜崩坏，不行久矣。侯能重辟是路，使民出入转输，免远涉之患，此世之利，百姓之福也。侯曰："既便于民，予故惮而不为哉。"遂谋于郡守朱克信、守御指挥使王廷用，佥曰："宜。"翌日，巡行周视得要害之处三，于是征工发徒，于天顺壬午（1462 年）冬十月朔，肇事于侵米涸，旧路太逼，江涨春夏，行者皆涉水，民甚病之。至是凿改石路丈五百三十有奇，而民免涉水之患矣。修牛唇带，石之岩，陁④者补其缺，倾则易险而为坦，辟台子阁迳之峻阻者，甃以石梯，则易阻而为通。去台子阁约二里有怪石丈余，当道而立，行者至是必回头俛身而入，俗呼"回头石"，今则伐石砥平矣。去回头石又二里，小涧瀑布，迳时崩缺，俗呼"大折"，今则甃其石梁矣，改辟新路者二，恶其旧迳狭隘，不容车骑也；驾浮梁者六，俾断者复续也。凡路之塞者以疏，隘者以辟，险者以夷，坏者以治。由是行者无攀援之患，有司无葺治之劳。

然连山故多雨雪，初役，至于毕工，无雨雪，故力省而功倍，而民不知劳。若有相之者，亦其忠诚所感。如此后之莅此土者，尚当永鉴于兹，勿怠其政、隳⑤其事，以为民病焉。

---

① 昭文：指孔镛，字昭文。据本《志》卷五《秩官志》改。
② 据民国十七年（1928 年）《广东连山县志》卷十五《艺文志》同题名改。
③ 作耗：作乱，叛乱。
④ 陁：tuó，陂陀不平的样子。
⑤ 隳：duò，古通"惰"，懒惰。

蟠龙冈记　　蒋元倬

余自郁孤度江梅，泛曲江，迄秋抵县界，远眺鸡笼关，曰甚隘，疑为路穷。及登其巅，则峰回峦拱，逶迤数十里，下绕溪流，水石相激，声若战鼓。进至县五里，沿溪凿石通道，凡数折不绝，前又辟一冈为两断，中穿小迳通往来，无论岖崎，且非山水自然形势，余心窃怪焉。

越明年，计经涉数次，舆人①甚称苦，余乃合父老谋之。佥曰："冈路险难，不便舆马，但行旅图此以为捷径。若取路从冈下，则又远数百步，在堪舆家②亦云从冈下走，奈力弗及也。"余（郎）［即］捐所授之俸，暨邑民所酿之金，命工修筑，高者平之，隘者辟之，最下者用石甃之，以防淫潦，几百日遂告成事。

余因公余，率彭生希商等同一游焉。但见二水交流，群峰环峙，烟云树木，千态万状。且南联八桂③，北接三楚④，密迩夷僚冥顽不驯⑤之境。是虽僻处一隅，实为岭南咽喉要地也。徘徊良久，太息曰："嗟乎！地理虽有夷险也，实由人心之顺逆致之。观此冈，昔日履险以取捷，则知世人用诡道而苟取富贵者何以异？是今以顺理之心，履坦夷之地，则循序渐进，自有远到之期矣。所谓捷而险者，敦若缓而安之为愈哉？子曰：'君子居易以俟命，小人行险以侥幸。'此之谓也。"希商等起拜曰："命之矣，敢不夙夜以领教言？"因询其土名为"天子澳"。余曰："澳哉！澳哉！何事而敢当此名也？究其说果妄而无征。"遂改之为"蟠龙冈"，取其蜿蜒腾跃有如蟠龙之状。其石道崎岖，仍旧名为"牛唇带"。尽改之，恐骇人听也。是为记。

---

① 舆人：古代指造车的工匠；也指职位低微的吏卒。

② 堪舆家：古代称以相地看风水为职业的人，俗称"风水先生"。

③ 八桂：原指桂林市，后代指广西。《山海经·海内南经》云："桂林八树，在贲隅东。"意为桂林郡因桂树多而得名。贲隅，古代对广东番禺县的称谓。

④ 三楚：战国楚地疆域广阔，秦汉分为西楚、东楚、南楚，合称三楚。《史记·货殖列传》以淮北、沛、陈、汝南、南郡为西楚；东海、吴、广陵为东楚；衡山、九江、江南、豫章、长沙为南楚。此处应指湖南。

⑤ 冥顽不驯：冥顽，愚钝无知。形容愚昧无知，不接受教化。

林公去思碑　　虞焕①

邑侯林公，六载政成，得晋秩永宁州守。启行日，庠生赵祖禹等集公《政迹》一篇，凡十有五略，率父老数百人诣梯云："虞子请记。"虞子初力辞之，既而公去几三载，禹辈复来言曰："令公离任已久，岂其以是要民？惟是草莽愚衷，欲报鸾凤之政迹；有遐思，愿征子言识焉。且与子溯稽往令，若长洲孔公、罗源林公、全州蒋公，皆以循良称。孔、林俎豆宫墙，猗欤盛已！蒋以艰去，未立碑，迄今不去典。今公治行方驾三君子，碑而不树，不掩人之美乎？"虞子曰："唯，可以记矣。"

按：苏里略曰："公下车，目击民疲，首罢滥征冗费诸常例，里留一人值月，余悉放农。近议加税，而连数独倍。公条民疾苦状，再四请减，竟得蠲税之半，里甲宽已。"

恤孤略曰："查复养济院旧址，创屋数楹，收养孤老十余人，穷民活已。"

育才略曰："公故善文章，时时与学博谢君进诸生童授餐会课，亲为批评校正，多士兴已。"

省方略曰："岁巡郊野，察民勤苦者劳之，绳豪蠹②于法，榜恶人于申明亭，劝戒行已。"

正俗略曰："朔望请行乡约③，教民迁善，刻四礼④篇，用为冠、（昏）[婚]、丧、祭之式，风俗变已。"

惩薄略曰："民因忿，间服毒草，以命中人，公反坐其辜，严禁乡愚之焚尸者，民命重已。"

积贮略曰："民贫鲜盖藏，公广以赎锾市谷，贮之新建社仓，荒政修已。"

---

① 虞焕：字尧章，今吉田镇人，年十七补诸生，寻贡入太学，谒选授云南荔波知县，多善政，士民勒石纪之。后补湖广郧西知县。《林公去思碑》，书于明万历三十三年（1605年）。

② 豪蠹：利用权势大肆侵吞财物的人。

③ 乡约：古代村民自主约定的一种社会规范。村民之间通过约定和约束，维护社会秩序和保护共同利益。明清乡村设有专门的"乡约"小吏。

④ 四礼：古代加冠、婚嫁、治丧、祭祀仪式的合称。

防变略曰："城悬万山中，单薄可虞，公凿澄清井需汲，设元武营①于北关，命中军屯（札）［扎］之，守御固已。"

弭盗略曰："擒一二盗魁示警，而练卒轮筹，申严保甲、连坐法，盗贼屏已。"

督造略曰："厘革黄册诸弊，孔里书业户不敢横索一钱，载藉清已。"

修理略曰："捐俸创东关楼、文昌塔，以培左翼风水，重辟白沙、上吉诸道路，王政举已。"

驭夷略曰："瑶壮素称顽梗，公推诚抚御，悉知向化，争者多质成于公，异类驯已。"

息讼略曰："一应词讼，止仰里长拘提，到即讯决，轻重咸允，囹圄②空已。"

摛藻③略曰："凡诸兴行及庆贺礼仪，公出其绪余，亲洒雄篇，并书匾额，留题富已。"

励操略曰："奉司空公庭训，饮冰茹檗，毫不苟取于民，政源清已。"

虞子读略，既叹曰："美哉政乎！其煦吾民，若慈母之保赤子；鞠育抚摩④，求遂其心之所欲而后已。吾民德公之深，亦如子事慈母，然朝夕左右，欲顷刻离之而不可。一旦升任去，民扳留不得，瞻晤⑤难再，郁勃⑥爱慕之情，真有不容遏者。且其去而思，去之久而愈思，而金谋勒之于碑也。碑存则公之政迹耿耿不磨，民之见碑如睹公面，虽百世之远有余思矣，非同虚声浮慕夸耀一时者，可同语云。"公（明）［名］裕阳，字永光。

新建万寿亭记　　萧象韶

岁逢甲子（清康熙二十三年，1684 年），运序维新，圣天子荡平海宇，

---

① 元武营：又作"玄武营"。中国古代用青龙、白虎、朱雀、玄武，分别代表东、西、南、北四个方向。此指在北方要塞设立军队驻守。

② 囹圄：监狱。

③ 摛藻：chīzǎo，意思是铺陈辞藻，指施展文才。

④ 鞠育抚摩：抚养教育。

⑤ 瞻晤：回见，见面。

⑥ 郁勃：形容气势旺盛或充满生机。

中外晏清，是即《春秋》所谓"大一统之时也"。予以闽镛鲰生①谬登贤书，承乏兹邑任事。未几，分闱校士，事毕言旋。适直冬至令节，恭同文武臣僚拜贺于西关之古庙，从旧制也。但庙宇湫隘，非我臣工趋跄②对越③之所，况天威咫尺而不慎重仪制，使草野咸知朝廷之尊，得无简亵是惧耶？

兹以子岁子月元会天开之期，谨卜地于西郊，离城数武，万峰朝拱，孔道砥平，（既）[即]川岳之效灵，实臣民之瞻仰，爰鸠工庀材，构造新亭，恭名"万寿"。凡令节习仪拜贺，衣冠文物，靡不肃然。睹斯亭者，允怀胥庆，虽僻在一隅，万世观瞻之盛，莫有逾于此者。是役也，始于十一月戊子，竣于十二月己未。不浃旬④而工告成，董其事者，邑之耆民张瑞麟，与有功焉。余嘉其速而不可无以述也，敬拜手而为之记。

建儒学宫墙序　　萧象韶

连邑学宫旧建城西门外，辛酉（清康熙二十年，1681年），前令张君移建东郊。余甲子（康熙二十三年，1684年）春奉命来宰斯邑，致斋瞻礼。见一殿两庑之外，则有泮池、戟门，相去各数十武⑤，外无垣墙，左右绿畴⑥，人畜杂沓，正不必日之夕而牛羊已下来矣。余四顾踌躇，与学博叶、戴两君商环以墙，而田皆民业，筑墙则阻于田，唯是购田以筑，而墙乃获有成。余持是说者两年，而连邑诸生以力不逮为请。余曰："连邑学宫岂仅连邑诸生事耶？今之隶连庠者三百四十余人，而土著仅十之一，附籍则十之九。圣天子今秋，弘开宾兴大典，凡操觚家莫不思彬彬蔚起，乃食孔氏之食而不知报，无亦忍忘所自耶？且连学前拱县治，诸峰环列，文塔高标，郁然森秀。昔人论岭南名胜，首推三连，以为山水奇拔，而他邑之得附连庠者，曾不知连之学宫为何物，亦以连在僻隅，距省会一千三百余里，无从登涉。"

---

① 鲰生：见识鄙陋的人。多为文士自谦之词。

② 趋跄：古时朝拜晋谒须依一定的节奏和规则行步。亦指朝拜，进谒。

③ 对越：答谢颂扬。

④ 浃旬：jiāxún，一旬，十天。《资治通鉴·后汉隐帝》记载："比皇帝到阙，动涉浃旬，请太后临朝听政。"宋代胡三省注："十日为浃旬。"

⑤ 武：古代以六尺为步，半步为武。

⑥ 畴：田地。

余莅事以来，簿书鞅掌，犹日与邑中诸士课业较文。今复修饰宫墙，使揽形胜之全，以为远迩多士联翩彪炳①之地。凡我多士，不惟饮水思源，亦当乘此文明之秋，共邀山川之奇，以慰余属望之意。则是此举也，上可以尊崇先圣，下可以裨益时贤。余捐资外，爰请通学文武诸士，随力醵金，慨题即交，汇送叶、戴两学师手缴，刻日鸠工，期告成于暑月，以俟秋来之好音者。

建义学序②　　萧象韶

尝稽古先王之立教也，家有塾，党有庠，术有序，国有学。凡以使民亲师入学，由小成以几大成，而化民易俗，即由此基焉，猗欤盛哉！逮郑不修学而贻刺于变风，鲁临泮宫而见美于三颂③；继而文翁化蜀④，人物炳蔚于当时；韦景骏⑤治房而士习为之丕变，皆由上之人，有以倡之，故能使其俗不肃而正，不令而行，是则人才之勃起，良在职守之振兴也，明矣。

连邑虽僻在一隅，而山川秀丽，涧水潆洄。自石文德以儒林旌表其里，而衣冠文物卓有可观。乃缘地接西粤、荆楚，壮瑶杂处，其民既类秦俗，而又加以频年兵燹，庐舍丘墟，书史蠹蚀，则欲整民风，端赖上教，而振兴之举，正不可不讲于今日也。

予任事以来，即与学博叶、戴两君修葺学宫，集生童而月有课、季有试，命题考校而品评之，犹以力绵恐无补益，幸逢圣天子重道崇文，遍颁"万世师表"匾额于学宫，又值诸上台雅意作人，檄行州县设立义学。予遵奉德意，遍谕穷陬僻壤，无论兵民瑶壮，皆得执经而问业，在邑则设于东郊，在乡则设于和睦里，以文士朱瑞凤、邓廷球等董之。岁时朔望，宣扬圣谕，微独誉髦斯士，藏焉、修焉、息焉、游焉，不见异物而迁焉。即一

---

① 联翩彪炳：联翩，指鸟飞，此处比喻连续不断；彪炳，文彩焕发。形容具有杰出贡献或突出才华者。

② 建义学序：书于清康熙二十三年（1684年）。

③ 三颂：《诗经》中的《鲁颂》《周颂》《商颂》，合称三颂。内容多为贵族祭祀、祈福之乐章。

④ 文翁化蜀：文翁，西汉景帝时出任蜀郡太守，重视教化，在成都兴办学校，培养人才，蜀地民风大为改观。汉武帝时下令各郡都设学校即源于文翁。后以此称颂地方官办学教化、治理有方。

⑤ 韦景骏：唐玄宗开元年间出任房州刺史。州俗参蛮夷，好淫祀而不修学校。韦景骏开贡举，悉除淫祀。

时之人，皆朝乾乾而夕惕惕，若日斯迈而月斯征焉，行见联翩科第，黼黻皇猷①，以上副圣天子及诸上台崇重作兴至意。连虽蕞尔，犹与名都大邑比肩颉颃②。予固不敢侈然夸大，然蜀人炳蔚之风，与房士丕变之习③，宁不为今日之连勉，且为异日之连望也哉。是为序。

新建关帝庙碑序④　　　刘允元

关帝之忠灵威，爽亘千古，遍天壤矣。无论大国名邦、穷乡僻徼，莫不庙而祀之。至百千万亿不可纪极，瞻拜其下者，靡弗敛容，戢志凭吊。慨慷谓："当汉之末造，孟德窃神器⑤，仲谋据江东。帝独降心昭烈，投分而起，智勇俱足，大节凛然。崇奉追慕之余，油油旦气⑥缘是以生。"庙之所系，顾不重哉。连本弹丸邑，处蛮烟叠嶂之内，壮瑶错杂，猂犷性成，礼义荡如。

余自莅任以来，振颓举废，复雅还醇，渐摩之功，甚费心力。邑素无关帝庙，明隆庆，蒋君元倬曾于邑东阜门内构一小祠，岁久湮没。余因思椎鲁⑦编氓，间以异类，是必仰藉帝灵，作其性天⑧，鼓其忠义，仿佛神道设教之意，其所裨宁有艾耶？爰是卜地县治之东隅，捐俸鼎建，鸠工庀材，立正殿三楹，门屋三楹，内戏台、侧舍，以次毕举。塑圣像其上，焜煌藻丽，凛瞻视焉。肇工于今年某月日，落成于某月日，工竣，例有记言。因不自揣无文，恭纪厥事，后之君子倘鉴其立庙之初心，而岁时修葺，俾与连之蚩蚩⑨讲忠说义，适性顺天，精气所凭，为功匪鲜⑩，是诚不能无厚望云。

---

① 黼黻皇猷：fǔfú-huángyóu，辅佐朝廷。黼黻，泛指礼服所绣华美花纹。皇猷，帝王的谋略或教化。

② 比肩颉颃：比肩，并肩，比喻地位相等。颉颃，xiéháng，鸟上下飞。泛指不相上下。

③ 蜀人炳蔚之风，与房士丕变之习：指文翁化蜀，韦景骏治房。

④ 新建关帝庙碑序：书于清康熙三十二年（1693 年）。

⑤ 神器：神物。此处借指帝位、政权。

⑥ 油油旦气：油油，很盛或自然而然的样子；形容和悦恭敬的样子。旦气，清晨的空气，泛指朝气。

⑦ 椎鲁：chuílǔ，愚钝，鲁钝。

⑧ 性天：即天性。宋代张世南《游宦纪闻序》云："闻见虽稍广，性天不灵，随即废忘。"

⑨ 蚩蚩：chīchī，敦厚的样子。

⑩ 鲜：xiǎn，稀有，罕见。

征瑶记① 刘允元

盘瓠异类，滋蔓丛山。长发跣足②，跞险如履平地。簇踞五排，散瑶至十有二处。其为连害非一日矣，明曾会五省兵合剿，不能平。盖其悍犷性成，扭肆阻隘，出掠居民，往往越层峦叠嶂，突至村落，如蚁聚蜂攒，罄民所有，民之苦若累卵。

余甫视连事，诸父老登庭号诉③，呶呶④瑶害不辍口。余心衔之，而未敢动也。明年秋七月，忽上吉村来报，龙水尾瑶夜劫良溪三处，伤毙掳掠，大肆凶横，而略无忌顾。余不禁发指，当夜缮草，申文各宪，血痕流十指间。旋巡宪陈公莅临指授方略，余特悬重赏以鼓乡勇，且思忝任民社亲值，编户蹂躏如此，而不委身以人力除民害，其何以上副朝廷禄养，下慰斯民倚戴之意。夜徒步行数十里，间道直捣贼（窠）[巢]，获其渠魁，及余党俱授首，一时民气以苏。自是，各瑶不敢再犯井疆矣。夫瑶众几至盈万，散伏山洼，匪可力敌，乃竟奋勇而进，卒有成功。揆之往昔，何其难易相悬哉。爰是纪之，以告后之莅兹土者，知瑶害之不可炽，而调剂威服具有机宜，所不禁三致意⑤云。

创建儒学左堂公署碑记 林运丰⑥

今天子振兴文教，重道隆儒，所在学宫多修饬崇弘⑦，巍峨壮丽，御书"万世师表"，颁布海宇，其尊师敬圣固已远轶前代矣。惟是连山僻邑，民瑶杂居，自兵燹后，斋署鞠为茂草。运丰初授司训，到任寄居城外空舍，门不容幰⑧，风雨罕蔽，且近瑶山，虑有叵测。诸生呈县，（清）[请]出城内分司官地，乃拮据构成堂庑。是役也，虽取材旧舍，而增椽梁、厄砖

---

① 征瑶记：书于清康熙二十八年（1689 年）。
② 跣足：xiǎnzú，指光着脚。
③ 登庭号诉：指到公堂上哭诉。
④ 呶呶：náonáo，说起话来没完没了、喧嚷不停。
⑤ 三致意：再三表达其意。
⑥ 林运丰：平远人，岁贡，清康熙二十九年（1690 年）任连山县训导。
⑦ 崇弘：推崇光大。
⑧ 幰：xiǎn，车上的帷幔。此处指车。

石，鸠工备料，约费七十余金才落成。闻先大夫①之变，遂东归。后之居此者，当念予蒿目②持筹，悉属借贷，勤劳缔构，颇费经营。嗟呼！丛胜之区不乏兰茝③，十步之间必有芳草。

连虽僻地，然家诗书而户弦诵，先王之风犹有存焉。且司训冷局④微员也。顾一官有一官之职，古人经义治事，犹垂史册，后人得无意乎？上之当助宣贤大夫政教，下之与良友吉士切磨仁义，砥砻⑤道德，方不愧此居。不然廉隅⑥不饰，坊表不树，徒营营丁锥刀⑦，而忘乎教忠、教孝之大旨，讵惟远惭苏湖哉？有愧此室多矣。予是以名堂曰"日愧"。俾相继居此者，寓目而思警焉。

〔清〕康熙辛未（三十年，1691年）仲夏，潮海棘人⑧林运丰撰。

诗　集

征连山瑶壮纪事　　　张瑄⑨

一滩高一尺，十滩高一丈。过尽数百滩，如在霄汉上。
我来不当时，值此春水涨。怪石当两岸，怒涛激飞浪。
从前树秒行，连樯齐叠嶂⑩。舣岸登危峰，忽若掉尘鞅⑪。

---

① 先大夫：已故的大夫。此处应指先父。
② 蒿目：极目远望。
③ 兰茝：兰花、香草的合称。泛指有香气的草本植物。
④ 冷局：冷落的衙门。
⑤ 砥砻：又作"砻砥"，切磋研讨。
⑥ 廉隅：棱角。比喻端方不苟的行为、品性。
⑦ 锥刀：比喻从事微贱的工作。
⑧ 棘人：后人居父母丧时，自称"棘人"。
⑨ 张瑄：字廷玺，别号古愚，晚号安拙翁，再号观庵，明代应天府人。曾任广东右布政使、左布政使等职。弘治七年（1494年）病卒，享年78岁。
⑩ 叠嶂：diézhàng，意思是重叠的山峰。
⑪ 尘鞅：chényāng，世俗事务的束缚。鞅，套在马颈上的皮带。

长啸震林樾①，神观觉愈壮。俯视南溟②深，一勺类盆盎③。

岂同逸豫者，登临事寻访。连山渺何许，荆楚相对望。

怀贺壤土邻，贼巢正相旁。黄茅蔽天日，民窜惧瑶壮。

丑类相凭陵，屠戮恣俗尚。新血丹原野，什九无骨葬。

徙居虽幸存，生计半凋丧。县官亦走避，衣食何所仰。

更番屯戍多，邻邑罢转饷。守臣具以闻，皇怒犹恻怆④。

若曰贼固愚，亦吏无治状。顾谓颜将军⑤，六军汝其将。

民苦甚倒悬，不暇择日旺。诛刃及胁从，降者亦疏放。

复敕叶中丞⑥，汝任在弼亮⑦。视师有勇怯，赏（伐）［罚］柄汝杖。

一切付便宜，巨细予汝谅。元戎奉天讨，举兵亟相向。

戎车载戈鍪⑧，彭彭数百两。织文蟠鸟章，旂旄⑨马头（飏）［扬］。

师干盛军容，日华耀霜仗。二公既协和，才力复相伉。

行阵有正奇，攻击耻批亢⑩。浔梧杖箠平，柳庆悉扫荡。

乘此破竹势，长驱孰能当？易如山压卵，疾若风扫瘴。

残党狐兔奔，矧敢豺狼抗。暴骨叠京观⑪，奇功千载旷。

事平奏凯还，蛇弓虎皮帐。归装惟图书，不泛芒屩⑫舫。

---

① 林樾：línyuè，意思是指林木、林间隙地。

② 南溟：也作"南冥"，指南方大海，因其深不可测而称冥。《庄子·逍遥游》云："南冥者，天池也。"

③ 盆盎：盆和盎。泛指较大的盛器。

④ 恻怆：cèchuàng，意思是哀伤。

⑤ 颜将军：颜彪，世居南直隶颜家庄（今江苏省境内），明正统年间，以军功任真定卫指挥同知。天顺五年（1461年），广东大藤峡爆发瑶民事变，颜彪奉命赴广东，委为都督佥事，佩征蛮将军印，任总兵官，统辖两广军事，攻破大藤峡七百余寨，获佩镇国大将军印。

⑥ 叶中丞：叶指叶盛，中丞指巡抚。叶盛为明代吴郡昆山人，正统十年（1445年）进士。明英宗天顺二年（1458年），巡抚两广，平定瑶民事变。天顺六年（1462年），命吴祯巡抚广西，叶盛专抚广东；八年（1464年），明宪宗即位，叶盛入京师内阁任职，以韩雍为广东巡抚。成化时，叶盛入礼部为官。成化十年（1474年）病逝，谥"文庄"。

⑦ 弼亮：辅助天子的官员，相位。

⑧ 戈鍪：戈，古代的一种兵器。鍪，móu，指古代打仗时戴的盔。

⑨ 旂旄：qímáo，也作"旗旄"。注牦牛尾于杆首的旌旗。意指军旗。

⑩ 批亢：批，用手击；亢，咽喉，比喻要害。比喻抓住敌人的要害乘虚而入。

⑪ 京观：古代为炫耀武功，聚集敌尸，封土而成的高冢。

⑫ 芒屩：mángjuē，即草鞋。

珍贝弃不顾，薏苡那兴谤①。坐见就尽民，呻吟变讴唱。

兵革从此弭，民俗返和畅。山灵料亦喜，复见敦礼让。

致乱既有由，太平岂无象。良由我圣君，任用贤将相。

威武王爪牙，抚绥民保障。乐睹武功成，纪实言匪妄。

下以慰民忧，上以答君贶②。

连山形胜诗　　孔镛

［其一］

万山矗矗如风浪，曲涧盘回似走蛇。

古树青萝灵女庙，黄茅翠草壮人家。

蛮云泼墨禾花瘴，雀舌香含春峒茶。

询俗偶闻村叟语，太平时节足生涯。

其二

曲径盘肠几百回，两山高拥翠云堆。

桂花香送秋风到，杜宇声催旅客归。

枫树着霜红似雪，江流激石响如雷。

古来陵谷多迁改，可信蛮乡少劫灰。

前题　　萧象韶

［其一］

叠叠岩峰耸碧霞，潆洄③曲涧恍龙蛇。

山川秀毓④人文地，黎庶新多礼义家。

瑶岭鸣琴驯舞鹤，昆湖汲水试新茶。

---

① 薏苡那兴谤：即"薏苡兴谤"，yìyǐ-xīngbàng，比喻被人诬诟，蒙受冤屈。薏苡，禾本科植物，果实可供食用酿酒，并入药。薏米被进谗的人说成了明珠。比喻被人诬诟，蒙受冤屈。

② 君贶：君王的赐予。

③ 潆洄：yínghuí，水流回旋的样子。

④ 秀毓：秀指草木的花，代指秀丽地方，或才智杰出的人；毓是生育、养育之意。指秀丽地方孕育名人。

金汤巩固灵长日，邹鲁①风生粤海涯。

其二

崎岖岩谷曲盘回，眺望晴空瑞霭堆。

日映岚光轻锁翠，雨收黛色绿凝苔。

蛮云淡抹千崖墨，瀑布飞轰万壑雷。

形胜天然雄海国，桂阳从此靖烟灰。

征瑶六首　　　刘允元

[其一]

山环上吉水，险僻觉心惊。

荼毒今朝剧，干戈何日平。

乱离忧不细，供给扰非轻。

怪杀伊殊类，横行丧所生。

其二

行旌临上吉，傍晚驻村楼。

寨倚千山峻，崖悬万木稠。

人家通水径，禾黍照沙秋。

何事多鼙鼓②，年来兵气浮。

其三

恃险有龙水，强梁肆此乡。

无人不恐惧，有寨尽凄凉。

远岫烽烟警，高秋战伐扬。

曹彬谋略在，凯奏靖殊方。

其四

兵士如云集，咸依上吉村。

残黎方有胆，死贼已无魂。

---

① 邹鲁：邹，孟子故乡；鲁，孔子故乡。后借此指文化昌盛之地，礼义之邦。
② 鼙鼓：pígǔ，中国古代军队中用的小鼓，汉以后亦名骑鼓。古代乐队也用。

踞险凭山势，雄威破石门。

莫辞征役苦，千古有公论。

其五

鼠技顽瑶似，崇山匿影深。

真心怜欲抚，假手计成擒。

里巷烽烟息，朝廷法度森。

不才遭此际，区画竭微忱。

其六

天降神难测，奇兵甲士先。

层云穿万岭，一日定三连。

筹画铙金奏，功勋勒石传。

名流饶将略，残里仗生全。

过山口寨　　［刘允元］

烽火频惊上吉传，残黎远适计安全。

唯余颓壁侵朝露，无复疏篱罩晚烟。

绕径犹怜霜箨舞，临滩时见蓼花然。

升平须遂苍生愿，再整丘墟祝有年。

署中漫题　　　［刘允元］

远宦蛮天瘴疠生，壮瑶罗列斗如城。

人临湟水谁无病，路入连山总不平。

白日频惊苍鼠窜，清秋怕听子规①鸣。

乡书雁断衡阳②北，梦逐燕云一片轻。

---

① 子规：又叫杜宇、催归。传说为蜀帝杜宇魂魄所化，鸣叫声音极哀切，犹如盼子回归，又叫"子归"。

② 雁断衡阳：衡山南峰有回雁峰，相传雁来去以此为界。比喻音信不通。

宿西水寨　　[刘允元]

西水蛮烟迥，风尘薄宦①家。

白茶侵野岸，黄稻熟山洼。

日静溪声响，宵严戍鼓挝。

绵稀嗟仆冷，惆怅倚天涯。

天堂岭　　[刘允元]

路由层折上，险峻越天堂。

触目千峰秀，惊心万壑凉。

野烟冲汉碧，衰草绕山黄。

堪叹同匏系，微名滞远乡。

大富村　　[刘允元]

崎岖度岭脚，山势豁然开。

碧水滋青石，苍榕荫古苔。

人家分寨住，蔬果近篱栽。

渐觉风威冷，临乡次第催。

过长冈岭　　[刘允元]

迢递长冈石磴残，攀跻岭表见群峦。

连山稻熟农家庆，横水波寒道路难。

半日登临觥逸兴，三秋跋涉怅微官。

萧条行李犹斜照，野岸丹枫漾碧滩。

连署感怀②　　[刘允元]

壮瑶绵亘接崇山，尽日烟岚结此间。

---

① 薄宦：卑微的官职。有时用为谦辞。

② 民国十七年（1928年）《广东连山县志》卷十五《艺文志》记载，《连署感怀》《上吉夜雨》《宜善司》作者李来章。应为刘允元作。

北望衡阳无雁影，东临昆水有鸡关。

羊肠一线惊天险，鸟道千层远圣颜。

摇落乡魂真欲断，振衣频见泪痕斑。

上吉夜雨　　［刘允元］

海国劳臣起夕哀，泠泠①夜雨更相催。

一帘竹影侵人冷，万壑涛声入梦来。

返旆唯愁泥径滑，衔枚②还喜岫云开。

凄其行署浑难寐，残焰频挑独夜杯。

余高营　　［刘允元］

万山深处是余高，控制瑶蛮岂惮劳。

岭表挥兵知勇壮，石关运计见英豪。

偷生遁远潜林木，敢死争先视羽毛。

指日功成歌凯奏，残黎安枕沐恩膏。

署斋偶赋　　［刘允元］

径窄峰高历石街，溪环涛泻异江淮。

疆分百粤连三楚，天杪③孤城近八排。

半世功名邀圣主，七村调剂使吾侪④。

鸡鸣关枕边陲地，瘴疠横空风雨乖。

登鸡鸣关亭　　［刘允元］

亭空俯瞰近高良，山水遥侵野岸长。

悬壁控瑶营寨接，横坑杂旅市廛⑤忙。

---

① 泠泠：línglíng，形容清凉。

② 衔枚：xiánméi，古代秘密行军途中，士兵口中衔着枚，以防出声。

③ 天杪：tiānmiǎo，天际。

④ 吾侪：wúchái，我辈，我们这类人。

⑤ 市廛：shìchán，也作廛市，商业活动集中的地方。

奇峰对照涵云气，老树斜依射日光。

自是建瓴①驰远目，连州东北是平阳。

宜善司　　［刘允元］

纤折高低百二程，平芜虚敞一孤城。

已分良壮安群寨，未靖顽瑶倚大坪。

墟集沙明萦水曲，营炊烟缕杂云生。

沧桑更变浑无定，古县于今宜善名。

入鸡鸣关　　张世谦②　江夏人

关入鸡鸣道，人来鹤背翁。

涧流山路狭，石砌野云蒙。

瑶语听方近，岚氛喜不逢。

游情随处好，孤剑任飘蓬。

太保墟　　［张世谦］

贸迁团野市，嘈杂万山中。

老少肩摩集，民瑶担荷通。

雅能入太古，不必过新丰。

日暮歌声起，临风远近同。

观音庵题壁　　［张世谦］

古刹依山郭，慈云控野丛。

石翻千涧白，烟透一灯红。

莫负栖禅影，还临贝叶风。

老僧时对语，幽涤万缘中。

---

① 建瓴：jiànlíng，指筑在屋顶上的瓦沟。形容居高临下、难以阻挡的形势。
② 张世谦：清顺治年间江夏（今湖北武汉及其周边地区）人。

昆湖八景　　刘允元

石阁云梯

峻嶒①石阁接天梯，碧嶂青峦孰与齐？

罗列群峰红日近，登临万象白云低。

闲依丘壑寻丹穴，好倚琴樽入画题。

自是殊方烟瘴合，乾坤形胜望中迷。

白沙樵唱

簇簇青柯荫浅沙，疏篱荒径野人家。

危桥方石敲金色，古寺团榕结翠华。

鸟道烟迷樵唱远，鸡关日出旅游赊。

孤城盘折行踪少，往返连阳带落霞。

茂古牧歌

茂古春芜绿草肥，牧童放犊认朝晖。

人歌碧水溪争咽，鸟语青林花乱飞。

洞口平虚常寂寂，军寮层起自巍巍。

几椽茅舍关形胜，莫遣顽瑶任意归。

峨山晴雪

万山深处郁嵯峨②，直接青冥景倍多。

风冷逼霄光惨淡，雪残压岭影婆娑。

断霞不暖流深涧，积素③增寒上远柯。

迢递④峰头银世界，春明依旧踏晴莎。

惠泉飞瀑

上流江海下流泉，泻玉飞琼灌百川。

---

① 峻嶒：高耸突兀。

② 嵯峨：cuó'é，形容山势高峻。

③ 积素：积雪。唐代王维《冬晚对雪忆胡居士家》云："隔牖风惊竹，开门雪满山。洒空深巷静，积素广庭闲。"

④ 迢递：tiáodì，遥远。

疑是半天云锁结，故教一径雨连绵。

凭虚争坠知何日，织练翻腾不计年。

水尽山穷多异迹，几回乘兴眺峰巅。

连溪闲钓

盘旋东注是连溪，谁把珊瑚拂钓堤。

含影深沉垂饵细，潜身幽邃下钩低。

近临水面鱼龙隐，遥睇山腰草木萋。

渐觉流波层折去，关情春涨鹧鸪①啼。

茅铺寒烟

百堞孤城万仞巅，青葱四面翠浮烟。

滔滔涧水声难歇，霭霭山岚影易旋。

太保墟开廛市集，观音幢竖往来便。

临流远眺峰峦迥，茅铺人家近郭前。

横水乐耕

岫敞川平野岸长，村敲田鼓老农忙。

当先布种锄苍碧，向后栽秧苗嫩黄。

灌拥山冈随地势，凿开石磴破天荒。

春深处处桃花满，横水风吹扑面香。

石阁云梯　　张化凤

步屧②沿溪一径迢，层峦高起逼重霄。

行人几度穿云入，不觉身登碧汉遥。

前题　　陈树屏③

山深坠白云，梯我入苍漠。

---

① 鹧鸪：zhègū，鸟类，主要分布于我国南部各省，叫声婉转悠扬，哀怨动人，引起游子强烈思归之情。

② 步屧：bùxiè，行走，漫步。

③ 陈树屏：普宁人，举人，清康熙三十一年（1692 年）任连山县教谕。

何处寄闲情，长吟在幽阁。

前题　彭锃①

谁将巨斧凿崔嵬②，石磴崚嶒入望来。
阁有阶梯通帝座，云摩霄汉捧仙胎。
天光万点临清壑，日色千山映碧苔。
来往可能饶逸兴，何须槎上访蓬莱。

前题　罗象贤③

斗近石为阁，山高云作梯。
风香红药细，鸟唤绿阴低。
洞草情偏结，花源路欲迷。
谁将九节杖④，绝顶任攀跻。

前题　黄上达⑤

排空仙斧凿山陔⑥，壁立撑天万壑开。
石阁有梯通日月，瑶阶无处着尘埃。
层层雾起笼青嶂，片片云生绕绿苔。
此际登临空物外，恍如身在小蓬莱。

前题　邓光衢⑦

灵岩翠巘⑧望迢迢，上有亭台矗九霄。
不是云梯相接引，谁能天半乐逍遥。

---

① 彭锃：今连山县太保莲塘人。清顺治年间贡生，康熙十年（1671年）任澄迈县训导。
② 崔嵬：指山体的高大雄伟。
③ 罗象贤：吉田木根村人。清顺治十五年（1658年）岁贡，康熙年间琼州府乐会县教谕。
④ 九节杖：传说仙人所用的手杖。唐代杜甫《望岳》诗："安得仙人九节杖，拄到玉女洗头盆。"
⑤ 黄上达：号如庵，连山县庠生。清康熙二十年（1681年），参与清康熙《连山县志》编纂。
⑥ 山陔：陔，gāi，台阶，层次。此处指山上开凿台阶。
⑦ 邓光衢：连山县增生。清康熙三十二年（1693年），参与清康熙《连山县志》编纂。著有《博异集》十六卷。
⑧ 翠巘：cuìyǎn，青翠的山峰。

前题 刘晬① 大兴人

摩空石阁仰崚嶒，绝顶冲云野客登。

我欲高台虚步处，层峦斗绝有梯升。

白沙樵唱 屈琚②

万山环耸接苍穹，几处烟迷树树笼。

傍晚半江斜日上，樵风吹送夕阳中。

前题 陈树屏

晓晚逾白沙，歌向云霄彻。

樵子本何知，天然趣自别。

前题 林相③

百折溪喧绕白沙，层峦矗起照流霞。

岭头人静猿啼树，石窦云笼鸟弄花。

断壁近看苔绣字，戍楼何处暮吹笳。

樵归谷口声相应，日落寒山兴倍赊。

前题 彭铠

白沙幽敞远纷纭，村酒山歌自乐群。

烟瘴阴晴常共数，锦庭弦管不须闻。

草联竹缚三家舍，雨榻风檐四壁云。

樵径逶迤循鸟道，披襟满志下斜曛④。

前题 黄中文⑤

来往行人走白沙，攀萝扪磴任樵家。

斧斤挥罢堪沽酒，归咏何知野路赊。

---

① 刘晬：清康熙年间大兴人。

② 屈琚：番禺举人，清康熙二十二年（1683 年）任连山县教官。

③ 林相：今广东平远人，岁贡，清康熙三十年（1691）任连山县训导。民国十七年（1928
年）《广东连山县志》记载"三十七年（1698）任训导"，有误。

④ 斜曛：xiéxūn，黄昏，傍晚。

⑤ 黄中文：连山县人。清康熙年间附监生。

茂古牧歌　　孔镛

天河昨夜洗干戈，便觉农家乐事多。
牧子倒骑牛背上，春风一笛太平歌。

前题　陈树屏

古洞翠含春，放犊恒于是。
歌声上碧霄，瑶驯安行止。

前题　彭铠

茂林古洞倚丛山，茅屋参差云水间。
眼底鲸鲵无出没，岸边草木自幽闲。
斜阳光照行人返，满路酣歌逐犊还。
漫道巉岏①穷远目，生来筋力任跻攀。

前题　蒋嘉贤②

茂古春晴草色芃，牧人牛背笛吹风。
当年郊垒严刁斗，此日萑符③震角弓。
断续杜鹃啼绣岭，蹁跹④蝴蝶入花丛。
长歌俱是忘情侣，一派天机荡碧空。

前题　彭永淑⑤

茂古军寮肘腋中，居人刍牧胜从戎。
马头深入繁披露，牛背驱驰笛吹风。

峨山晴雪　　孔镛

青天削出玉芙蓉，上有寒光射九重。
瑶树琼花风不谢，分明一片白云封。

---

① 巉岏：chánwán，形容山、石高而尖锐。指险峻的山。
② 蒋嘉贤：连山县人。清康熙十七年（1678 年）岁贡。参与清康熙《连山县志》编纂。
③ 萑符：huánfú，指盗贼。《左传·昭公二十年》云："郑国多盗，取人于萑符之泽。"
④ 蹁跹：piānxiān，形容轻快地舞动。
⑤ 彭永淑：太保莲塘人，彭铠长子。清康熙年间监生。

前题　陈树屏

积雪照新晴，山高色欲逞。

凝寒接太虚，一片水精影。

前题　彭铛

层峦高耸势嵯峨，霁色凝眸积素多。

丽日笼山明野墅，晚霞倒水晃晴波。

鹳栖老树形疑似，鸦点残阳影亦摩。

欣遇时平看虎渡，何妨庐结向岩阿①。

前题　李幹国②

峨山高望势崔嵬，叠叠峰头白玉堆。

积素光分千嶂合，凝华瑞灿万林开。

暖融野岸遥舒柳，瘦尽岩阿早放梅。

霁色敞临诸壑外，青青不改旧时苔。

前题　朱瑞凤③

孤悬峭壁敞晴湖，云影天光幻有无。

落尽梅花红满路，往来人已入冰壶。

惠泉飞瀑　屈琚

千条瀑涌石龙头，一渡飞虹锁众流。

自是济川人利涉，几翻烟雨惠泉秋。

前题　陈树屏

泉飞亦特奇，疑泻天河水。

溅沫湿人衣，昼夜浑不已。

前题　彭铛

瀑布悬崖极目瞻，一天如挂水晶帘。

---

① 岩阿：山的曲折处。

② 李幹国：清康熙年间连山县监生。

③ 朱瑞凤：连山县秀才。参与清康熙《连山县志》编纂。

冰壶潋滟①飞霜鹭，银海空明倒玉蟾②。
垒垒浪翻惊鲤跃，层层涛起识龙潜。
读书欲辨沧浪水，徙倚源泉过岭尖。

前题　刘晖

高落声何壮，奔涛景自殊。
寒泉流匹练，冷石溅霏珠。
鸟避骞孤羽，猿归失旧（涂）［途］。
独来物外客，恋赏伴樵苏③。

前题　彭永淳④

腾空飞瀑乱纷纷，迸放山头撼石垠。
沫沸烟岚晴喷雪，渀洄⑤洞口静流云。
贯珠累累浮天影，匹练丝丝带日曛⑥。
江海遥通争欲泻，还疑雷动万峰闻。

前题　陈高捷⑦

惠泉绕麓激飞坳，倒下疑从峻岭梢。
到此尘襟应涤尽，悬崖不住蕊珠抛。

前题　黄上迪⑧

遥望飞泉挂白虹，寒山声乱一天风。
莫疑千尺深深雪，只在冰壶玉照中。

连溪闲钓　孔镛

春水连溪绕石矶，渔翁垂钓鹭鹚飞。

---

① 潋滟：liànyàn，水波荡漾的样子。
② 玉蟾：yùchán，神话传说月中有蟾，而月色皓白如玉，故以"玉蟾"为月亮的代称。
③ 樵苏：砍柴刈草。打柴砍草的人。
④ 彭永淳：太保莲塘人，彭镗次子。清康熙年间监生。
⑤ 渀洄：bènhuí，意为水流回旋的样子。
⑥ 日曛：rìxūn，日色昏黄。指天色已晚。
⑦ 陈高捷：清康熙年间人。
⑧ 黄上迪：清康熙年间连山县人。

得鱼沽酒夜将半，明月满蓑人未归。

前题　叶元龙①

依崖选石作鱼矶，鱼跃深潭鹤自飞。
久坐不知山月上，收纶②时傍白云归。

前题　陈树屏

临流不在鱼，时坐柳阴下。
闲致钓何妨，忘筌③称长者。

前题　彭铿

叠巘遥飞万壑青，闲情落落俯前汀。
磻溪④漫忆王为佐，钓濑谁传客是星。
黄叶乱翻迎晚照，碧云低锁隐柴荆。
得鱼换酒携归去，狂饮山头几醉醒。

前题　贺鼎瑚⑤

平流细逐绕山城，溪树荫笼鸟乱鸣。
半渚难容舟楫杳，一纶长系钓竿横。
波澄秋练群峰落，涛涌春深雨岸生。
晴日携壶看晒网，悠悠石畔对风清。

前题　梁之璋⑥

溪河雨涨水连漪，结网不须竿自移。
弹铗⑦悲来思漫切，投纶⑧正好碧纹垂。

---

① 叶元龙：东莞岁贡，清康熙二十年（1681年）任连山县教谕。
② 收纶：纶是丝线的一种。比喻钓鱼者收起钓鱼工具。
③ 忘筌：筌，quán，捕鱼的竹器。忘记了捕鱼的竹器——筌。比喻目的达到后，就忘记了原来凭借的东西。
④ 磻溪：pánxī，在今陕西宝鸡市东南。相传姜太公曾在此垂钓，遇见了周文王。
⑤ 贺鼎瑚：连山县人。清康熙四十三年（1704年）岁贡。
⑥ 梁之璋：清康熙年间人。
⑦ 弹铗：tánjiá，比喻因处境困苦而有求于人。铗，剑把。
⑧ 投纶：垂钓。投弃钓具。

前题　　邓光衢

野兴乘闲坐钓矶，垂纶①时见白云飞。

春来村酿家家熟，不用将鱼换酒归。

茅铺寒烟　　屈琚

邮亭②古木静山峒，一路轻烟入画屏。

村市酒残人去后，前溪遥送数峰青。

前题　　陈树屏

隔溪绕淡烟，年来静鸡犬。

所忧太保墟，人集市廛编。

前题　　彭铠

荒城西接曙光寒，蔀屋烟笼亦可观。

尽有桑麻资利赖，还宜市集慰艰难。

力田辛苦思多稼，适馆殷勤喜授餐。

物和不须增感慨，拥衾③日已上三竿。

前题　　邓廷球④

山郭西临野色饶，烟炊屋角起条条。

肩摩墟市双溪绕，影倒楼台两岸摇。

绿树鸣鹃飘叠岫⑤，青帘邀马过危桥。

低徊远眺情何限，一片氤氲⑥逼汉霄。

---

① 垂纶：垂钓，指钓鱼的用具。
② 邮亭：古代传递文书人沿途休息的处所。
③ 拥衾：yōngqīn，半卧以被裹护下身。
④ 邓廷球：号侗麓，连山县秀才。清康熙三十二年（1693 年），参与清康熙《连山县志》编纂。主讲桂阳书院。
⑤ 叠岫：diéxiù，重叠的峰峦。
⑥ 氤氲：yīnyūn，也作"烟煴""绲缊"，指湿热飘荡的云气，烟云弥漫的样子。

前题　　邓绍绪①

荒村日暮淡炊烟，社鼓茅檐②入夜阒③。

幸得抚绥知稼穑，和风甘雨任高眠。

前题　　雷动虬④

连山郭外曙光寒，太保墟前烟色残。

一径人家沿水岸，七村廛市倚沙滩。

前题　　黄彩彬⑤

石拥万行春涧，城连一带秋霞。

野草寒烟墟市，断桥流水人家。

横水乐耕　　邹员⑥

横水农家乐有年，一冬方尽入春天。

犁锄重整牵牛喂，儿女相随唱大田。

前题　　陈树屏

横水波澜长，东作村村好。

莫道锄山田，灌滋须趁早。

前题　　彭铿

山临横水水平川，雨涨河流引入田。

高下禾苗资灌溉，岸边花草尽鲜妍。

帆樯一叶何曾见，被襫⑦千家乐有年。

击壤⑧遗风今未邈，由来古意在源泉。

---

① 邓绍绪：清康熙年间人。

② 茅檐：máoyán，茅指盖屋的草。檐指房檐。茅檐即是茅屋。

③ 夜阒：阒，qù，形容寂静，空虚。

④ 雷动虬：清康熙年间连山县人。

⑤ 黄彩彬：清康熙年间人。

⑥ 邹员：建安举人，明成化八年（1472 年）任连山县令。

⑦ 被襫：bóshì，古时农夫穿的蓑衣之类。

⑧ 击壤：中国古代的一种游戏名称。将一块前宽后窄状如鞋子的木片当作靶子，侧放在一段距离之外的地上，再用另一块木片对其投掷，打中者则获胜。

前题　　罗襞①

层峦一望晓苍苍，野沃村明两岸长。

横水竞流资灌溉，连山多稼遍仓箱②。

三时勿夺曾孙庆，千耦③欣来馌妇④将。

蜡飨⑤应知欢帝力，杏花风雨逐人忙。

前题　　吴之璧⑥

春郊灵雨⑦遍千家，耘籽辛勤日未斜。

谩道三农应独苦，占年⑧余九望中赊⑨。

前题　　罗弘纲⑩

冉冉晴和景自殊，春耕谁敢惮勤劬⑪。

时来馌妇依田畛⑫，调笑还看士女图⑬。

---

① 罗襞：清康熙年间人。

② 仓箱：比喻丰收。《诗·小雅·甫田》云："乃求千斯仓，乃求万斯箱。"

③ 千耦：千对农人在耕地。比喻农家都在田野劳作。

④ 馌妇：意思为往田野送饭的妇女。

⑤ 蜡飨：也作"蜡享"，年终合祭百神。

⑥ 吴之璧：清康熙年间人。

⑦ 灵雨：好雨。

⑧ 占年：占卜年成的丰歉。

⑨ 望中赊：赊，shē，长、远。回望来路遥远漫长。

⑩ 罗弘纲：清康熙年间人。

⑪ 勤劬：qínqú，辛勤劳累。指辛苦劳累之人。

⑫ 畛：zhěn，田地间的小路。

⑬ 士女图：也称"仕女画"，古代中国士人以中上层妇女生活为题材的绘画。

卷九

建置志

阖邑公同续修

汉前将军关侯却金祠碑记① 　李来章

[清] 康熙四十四年（1705 年）四月，知县李来章创建鸡鸣关汉前将军关侯②却金祠三间，厨房一间，茶亭一间，食寮三间。附录《碑记》于后。

康熙四十三年（1704 年）七月二十六日，予出连州西南，行绝湟水约三十里，至鸡鸣关，或云"鸡笼关"。土人龂龂③征其说，云"关以内四山偪塞，人处其中，如鸡在笼"，或云"自县东出，路傍无居人。至关，其麓与连州接壤，始闻鸡鸣"。后说微近理，因从众呼为"鸡鸣关"云。

关踞山椒④，中断若门，昔人因其势，施锤凿开广之。先是未抵关三里许，行者磬折⑤，膝拳摩胸，仰面拾级，汗喘不息，望一盂水，不啻如沆瀣⑥。乃既至，则藤稍棘刺，遮蔽左右，赤日当空，无一椽把茅之庇。向日垒石为关者，遗址仅存二尺许。问之云："向有草亭，倾圮久矣。"予徘徊碎石中，叹息不置。欲当镀水来处，面油岭，建汉前将军关侯祠，默然心识，未敢讼言之也。既过关，高山并涧，铲石为道，断者以木续之，仅通人行。水声激聒⑦若万辆奔车，骇人心魂，抵县城而止。时白沙营戍尚未建，居民尚未复业，故举目所及，寥落至此。噫！邑之梗概可知已。

越明年，政事稍暇，予乃庀材鸠工，创建汉前将军关侯祠三间，厨房一间，缭以砖垣。关上起阁，傍筑茶亭。下复起食寮三间，凡糜白金若干两，悉出捐俸，不以一毫累民。既讫工，将刻匾额，绅士父老旅进而告曰："维吾连民罹荼毒于强瑶，哭泣之声未息，疮痍者尚未复也。"公至，首集

---

① 本卷所有题名均为整理者据正文添加，原文无题名。所谓"却金"是指三国时关羽谢绝曹操赏赐的金银美女，坚定追随刘备的决心。此处"却金"是指瑶区安定后，需发展经济，并建祠推行教化。

② 关侯：三国时期蜀国的关羽，生前曾封汉寿亭侯，故称。

③ 龂龂：yínyín，和悦而能尽言之貌。

④ 山椒：山顶。

⑤ 磬折：qìngshé，弯腰。

⑥ 沆瀣：hàngxiè，指夜间的水汽，露水。

⑦ 激聒：jīguō，絮语，烦琐之言。引申为吵闹、声响。

五排十七冲，与之誓神，刻石谆谆劝谕曰："嗣自今官与吏不取渠辈①锱铢之利，若朝廷三尺之法②则务期必伸，不中挠③也。"瑶皆唯唯。他日，太保墟拿获假银，公为雪难明之冤。瑶皆叹服，以为神明。

连州铜锣坪之抢路，公为惩朋比之奸④，瑶又皆惕然股栗⑤。今则五排十七冲帖耳受约束，间有不平，赴县投诉，一如平民。四野无犬吠之警，茅檐得安枕无忧。吾侪追寻曩所记忆，如今日之连山，固二百年来所未有也。虽公之恩威兼施，明断如神，而要其得力以不贪为根柢⑥，非偶然者。昔汉前将军河东关侯，神武绝伦，威振华夷，其所以慑服人心者，尤在于却曹氏之金。公于千载之下，仰止高风，取而私淑之，可谓能自得师者矣。今新祠落成，敢请额以"却金"，昭神功亦所以明侯志也。若夫行旅有所憩息，风水得以束键，皆有造于吾邑，而以瑶排之兢兢守法，较之则犹为末效耳。予曰："有是哉，诸君之善于立言也，其义正矣！其见远矣！其味旨且永矣！"不佞如予⑦，固无以易之也，遂次其言而为之记，如右。若誓瑶词则附刻于左方。

时康熙四十七年（1708年）岁次戊子三月朔日⑧也，邑令李来章撰。

抚瑶誓词　　李来章

誓神牒文，抄示五排十七冲瑶人知悉。誓曰：

承命乾清，抚尔童叟。夙夜战兢，无敢或苟。

既包诚心，不惮苦口。设誓鬼神，与瑶共守。

不食瑶粟，不饮瑶酒。取瑶分毫，贼断吾手。

务悉公怀，莫堕奸诱。暗自营求，妄耗升斗。

---

① 渠辈：qúbèi，代指他们。

② 三尺之法：古人把法律条文写在三尺长的竹简上，故法律又称"三尺法"，简称"三尺"。

③ 不中挠：没有不屈服。

④ 朋比之奸：朋比，依附。互相勾结，比喻坏人勾结在一起干坏事。

⑤ 惕然股栗：惕然，tìrán，惶恐的样子。股栗，gǔlì，两腿发抖。形容恐惧之甚。

⑥ 根柢：根基、基础。

⑦ 不佞如予：不佞，自谦之词。意为像我这样不善辞令的人。

⑧ 朔日：中国传统农历每月的第一天，即初一。

截路牵牛，指为盗薮。望尔诸瑶，痛湔夙垢①。

躬逢尧舜，何忍自负。服习诗书，耕耘田亩。

期为良民，可保白首。

告社稷神安神祝文　　　李来章

［清］康熙四十五年（1706 年）九月，知县李来章改建社稷坛壝，附录《告神安神祝文》于后。

维康熙四十五年（1706 年）九月戊（戌）［戌］朔，越祭之辰十二日丁卯，文林郎知连山县李来章，谨以牲醴②之仪，敢昭告于社稷之神曰：

惟神职司土谷，亿兆仰赖。报飨之仪，著于国典。连山土狭人稀，诸事草率。自建邑以来，因循苟且，习以为常。祀地荒凉，粪秽丛集，神无所依，民不获福。来章窃用惶悚③，自捐俸薪，采买砖甓，择吉启土，遵依古礼，兆建坛壝。惟神有灵，尚克鉴兹。敢告。

维康熙四十五年岁次丙戌十月己亥朔，越祭之辰二十五日己酉，文林郎知连山县事李来章，谨以牲醴之仪，敢昭告于社稷之神曰：

来章仰承朝命，来宰连山，奉事神明，务竭鄙忧。不敢亵越，神所夙鉴。兹于坛兆，斟酌古礼。已克讫工，伏惟尊神，翩然来临，是凭是依。嗣今以后，俾水土平善，人无疫疬，禾稻登丰，不遭饥馑④，岂惟不安？得庇神庥，而牲醴丰洁，春兰秋菊，仰酬神功。惟神亦得血食斯土，永久而无斁⑤，惟神鉴之。敢告。

告风云雷雨神安神祝文　　　李来章

［清］康熙四十五年（1706 年）十月，知县李来章改建风云雷雨坛壝，附录《告神安神祀文》于后。

维康熙四十五年（1706 年）岁次丙戌戌十一月庚子朔，越祭日戊寅，

---

① 痛湔夙垢：tòngjiān-sùgòu，犹痛改前非。彻底改正以前所犯的错误。

② 牲醴：shēnglǐ，指祭祀用的牲口和甜酒。

③ 惶悚：huángsǒng，惶恐而内心害怕。

④ 饥馑：灾荒；指因粮食歉收等引起的食物严重缺乏的状况。

⑤ 无斁：wúyì，不厌恶，不厌倦。

文林郎知连山县事李来章，谨以牲醴香楮①之仪，敢昭告于风云雷雨之神曰：

惟连山建邑始，自胜国天顺年间，迄今百有余载矣。田限于山，民剥于瑶，吏艰于食，官屈于力。虽名为邑，丁粮之数不及大县之一村落。以故，百凡典礼，取足塞责而已，因仍鄙陋，多不克举。如令甲惟兹一区，尊神所栖，牛羊践踏，荒秽不治。来章承乏斯土，职司崇奉，心窃悼惧，不遑启处，敢捐俸金，采买砖甓，遵依定制，图建坛壝，用申虔恭。兹乘农隙，选择良辰，动土兴工，惟神灵爽，尚克相诸。谨告。

维康熙四十五年（1706年）岁次丙（戍）[戌] 十二月辛丑朔，越祭日丙午，文林郎知连山县事李来章，谨以牲醴香烛之仪，谨告于风云雷雨山川之神曰：

惟此坛壝，粗已毕工。所望灵爽，是凭是依。继自今仰顺天时，各司其职，岁获大有，民无祸灾。崇奉之典，司于令长，香烛牲醴，其所以报答于神明者，宁有极哉！谨告。

创建连山书院安神告文碑记　　李来章

[清] 康熙四十七年（1708年）七月，知县李来章创建连山书院，正殿三间，讲堂三间，研经斋三间，读史斋三间，左静室四间，右静室四间，台门三间，左右门房四间。附录《碑记》（《安神告文》）[《奉安连山书院程朱三夫子神位告文》] 于后。

自天顺六年（1462年）迁县治于小水、邪渡二溪之间，当五排瑶人出入隘口，盖欲长令自为守云。顾城垣狭窄，除官舍、廒仓外，仅容四十余家，城守之兵又居其半，城外无坦平之区。鸟言夷面之民，皆并溪而居，茅屋竹篱，门临官道，舍后逼近山麓，更无隙地，求可以置讲堂为士子弦诵之地者，偏觅无有。

予莅任之始，即注意于此，劳心经营者屡矣，卒不值其地。久之，得一区于西郭大塘之上，面重山，临溪水，阔六丈，深倍之而杀其二，可

① 香楮：xiāngchǔ，祭神鬼用的香和纸钱。

以建堂列庑，置庖厨偃息①之所。问其地，曰："萧姓与虞姓历年互争之所也。萧愿输其地于官，而虞必欲得价银六两过，田税二亩余。"予捐俸悉如其数，凭绅士、里长以买之。因卜吉兴工，建正庭拜厦，安奉程、朱三子之像于其中；又建斋房、厨寮、卧室，以为士子咕哔咿唔②之所。二门外又建侧房，将俾守者居之，司洒扫，谨管籥③，期于可以垂永久。

至于砖石、灰木之值，木泥、杂工之费，皆出解囊。惟夫役公议，出于七材捐输。将讫工，绅士胥为予言："吾邑地僻且贫，司牧者苦于应酬，不假他及。以故自建邑以来百有余年矣，于弦诵之事，率退缩谦让弗遑也。今我侯独致力于此，将为吾连革陋俗、破天荒，此不世之恩，宁可无一言以垂善诱？"予不获辞④，乃谂⑤于众曰："地之力皆能以生五谷，人之才均足以媻⑥两大。惟连山之子弟聪明俊雅，与邹鲁之邦固无以异，而成就悬绝有所不逮者，囿于习俗，汩没⑦终身。先生长者之论，未获与闻也。"以予所闻见，约略计之，童子习讼牒，一蔽也；儒士学道士，二蔽也；沉埋于恶烂之时文，不肯肆力于古学，三蔽也。问有由，周、程、张、朱之《近思录》，以上溯乎四子之书，由四子之书以探源乎六经之籍者，更茫然莫解，寂然无闻矣。

今书院之建，所欲与二三子共相砥砺⑧者，大旨尽于《连山书院志》六卷中。为学之方，不在崇尚议论，顾躬行何如耳。二三子其更殚心悉力，以益勉之哉！起工于康熙四十七年（1708年）三月十二日，讫工于冬月，共糜白金凡若干两。司银两之出入者，岁贡生彭祖松。督工程者，监生李幹国、[李]馥国、萧泮桃，生员许葛超，保长王梦徵、张世荣、成希凤。乐捐砖瓦者，乡民某某。例得附书。

---

① 偃息：睡卧休息。
② 咕哔咿唔：咕哔，tièbì，泛称诵读；咿唔，yīwú，读书声。借指拟声诵读。
③ 管籥：guǎnyuè，古代祭祀时使用的笙、箫等乐器。
④ 不获辞：因某些原因作了推辞，最终还是被勉强做了某事，表示谦逊之意。
⑤ 谂：shěn，劝告。
⑥ 媻：fàn，匹偶。这里指婚配。
⑦ 汩没：gǔmò，埋没。
⑧ 砥砺：dǐlì，砥指细腻磨刀石，砺指粗糙磨刀石。砥砺合指磨刀石。此处指磨炼锻炼，表示相互间勉励。

时康熙四十七年（1708 年）岁次戊子冬十二月某日谷旦也。

奉安连山书院程朱三夫子①神位告文　　　　李来章

维〔清〕康熙四十七年（1708 年）岁次戊子癸亥朔，祭日癸卯，知连山县事李来章，谨以豕一羊一，庶馐清酌之仪，敬告于洛国明公子程子、豫国正公子程子、徽国文公子朱子三夫子之神曰：

窃以尧舜禹、汤文武之道至孔孟而大明，孔孟之学至伊洛②婺源程朱三夫子而益著。总三夫子之生平，矻矻孜孜③，殚心竭力，效力于往哲者。如诚敬之旨，仁义之说，经权之论，王霸之辨，皆于群言淆乱之日。上绍洙泗④邹鲁之传，大中至正，确示标准。韩愈氏所谓功不在禹下者，自子舆氏⑤而后，舍程朱三夫子，其又将谁归？

粤中学术向称新会、增城⑥，衡其终身，论说不无过高之弊。至东莞清澜陈子⑦晚出，力辟阳明，粹然一出于正，其殆程朱三夫子之徒欤！第名位声势未如昔人，桑梓之间知者尚少，又安望穷乡后进读伊洛之遗书，诵考亭⑧之语类，探解集注之心法，以续洙泗、邹鲁之正统乎？来章承乏

---

① 三夫子：指程颢、程颐、朱熹三位理学代表人物。其中，元代明宗至顺初年下诏加封程颢为"豫国公"，程颐为"洛国公"。而早在南宋绍定初年，下诏封朱熹为"徽国公"。

② 伊洛：北宋理学家程颢、程颐兄弟俩合称"二程"，均为今河南洛阳人，长期在洛阳讲学，后来程颐又居伊川，二人讲学于伊河洛水之间，后人将他们所创的学派称为"伊洛之学"，也叫"洛学"。

③ 矻矻孜孜：kūkūzīzī，勤勉不懈。

④ 洙泗：zhūsì，洙水和泗水。古时二水自今山东省泗水县北合流而下，至曲阜北，又分为二水，洙水在北，泗水在南。春秋时属鲁国地。孔子在洙泗之间聚徒讲学。后因以"洙泗"代称孔子及儒家。

⑤ 子舆氏：指孟子，名轲，字子舆。今山东邹城人。战国时期哲学家、思想家、政治家、教育家，是孔子之后儒家学派的代表人物，与孔子并称"孔孟"。

⑥ 新会、增城：暗指明代岭南大儒陈白沙、湛若水。陈白沙为新会人，湛若水为增城人。

⑦ 清澜陈子：明代东莞人陈建，字廷肇，号清澜。明嘉靖七年（1528 年）中举，后两次会试皆中副榜，选授福建侯官县教谕。他挺朱熹贬王阳明，与督学潘潢论朱熹陆九渊学说异同，作《朱陆编年》二编，与巡抚白贲论李东阳《西涯乐府》，作《西涯乐府通考》二卷，督学江以达命校《十三经注疏》，书成，朝廷颁行天下。后迁江西临江府学教授，集编《周子全书》，又为《程氏遗书类编》。其著《皇明通纪》在隆庆时被列为禁书。

⑧ 考亭：在今福建省南平市建阳区，南宋理学家朱熹晚年居住讲学之地。宋绍熙三年（1192 年）朱熹筑室居此，因四方求学人多，复于居室东建竹林精舍。淳祐四年（1244 年）皇帝御书"考亭书院"匾额。

连山，忝有民牧之寄，瞻顾吾党，尚须训诲，安忍尸位素餐①，因循固陋，上负圣天子乾清引见之至意。爰为创建连山书院，崇祀程朱三夫子，使学者瞻拜像貌，研究著述，一变蛮貊之风，共臻邹鲁之化。兹于讫工之日，牲醴告虔，奉安程朱三夫子神位。伏惟三夫子神灵默佑，启沃②蓬心③，与以有成，襄斯盛典，临事捧觞，虔祷实切。伏惟鉴兹，来格来飨④。谨告。

---

① 尸位素餐：原义是空占着职位，什么事也不做，白吃闲饭。后用作谦词，表示未尽职守。
② 启沃：竭诚开导、辅佐君王。
③ 蓬心：比喻知识浅薄，不能通达事理。后常作自喻浅陋的谦词。
④ 来格来飨：来飨，láixiǎng，指前来接受祭祀，歆享供品。

卷十　艺文志

阖邑公同续修

初入鸡鸣关　　*李来章　邑令*

石梯方仰面，岩窦仅通行。

破础微留迹，荒鸡总断声。

徘徊怜此地，惆怅入孤城。

颓废何时举，盟心仗寸诚。

过白沙　　*李来章*

近县路偏险，防瑶兵更稠。

羊肠穿石壁，鸟道锁溪流。

垒筑真多事，村荒只半留。

牛羊遭咥后，求牧倍含愁。

斋宿　　*李来章*

古庙对荒堞①，环溪仅十家。

入夜虎豹嗥，久坐落灯花。

万里走王程②，孤踪寄天涯。

妻孥已割爱，民社重含嗟。

自矢竭衰朽，未敢鄙荒遐③。

神鉴何炯炯，当防一念差。

谒庙　　*李来章*

晨兴整衣裳，趋跄入学校。

浓露积苍苔，宫墙鞠茂草。

山水亦奥区④，何无连城宝。

西美人不作，东流澜方倒。

---

① 荒堞：废弃的矮墙。
② 王程：奉公命差遣的行程。
③ 荒遐：huāngxiá，远方边陲的地方。
④ 奥区：指腹地，深处。

忆予幼横经①，负笈②从遗老。

欲使圣业明，如日出杲杲③。

矧兹宰岩邑，榛芜④职当扫。

急为卜吉壤，堂庑于焉考。

辉煌悬宸翰⑤，日月照晴昊⑥。

父老扶杖观，应悔迁不早。

课督获稻　　　李来章

连年遭饥馑，幸兹逢大有。

时若应雨旸，黄云覆陇亩。

粳熟喜天风，不惮历岩薮。

果饼盈蘧筐⑦，呼来告童叟。

共尔荷天休⑧，不复虑八口⑨。

但恐刈获⑩迟，禾穗成腐朽。

何不趁晴明，男妇齐举手。

予家本力田，农事谙颇久。

终岁苦勤劬，临收焉可后。

农夫闻予言，相率共叩首。

吾侪虽愚蚩⑪，知君意良厚。

---

① 横经：横陈经籍。指受业或读书。

② 负笈：fùjí，背着书箱。形容所读书之多。也指游学外地。

③ 杲杲：gǎogǎo，明亮的样子。

④ 榛芜：zhēnwú，草木丛杂。形容荒凉的景象。

⑤ 宸翰：chénhàn，帝王的墨迹，皇帝亲笔手诏御札等。

⑥ 晴昊：晴空。

⑦ 蘧筐：qúkuāng，用竹编制的养蚕用具。

⑧ 荷天休：承受或接受上天的庇护眷顾。

⑨ 八口：此处指一家一户。《孟子·梁惠王上》云："百亩之田，勿夺其时，八口之家，可以无饥矣。"

⑩ 刈获：yìhuò，收割，收获。

⑪ 愚蚩：愚蠢。自谦的说法。

由茂古洞至天平营诸寨　　李来章

筍舆渡潭湾，前至茂古洞。

田园颇宽平，村落成虚空去声。

苦瑶多散逃，徒有还乡梦。

寂历绝人烟，抚膺①为兹恸。

叮咛劝远邻，为予勤谕讽②。

租庸尽豁除③，爱尔如雏凤④。

何久寄他方，流离甘侮弄⑤。

每逢霜露零，寒衣不获送。

念此当速归，有年兆雾凇⑥。

引领⑦望尔曹，旦夕目常送。

上马箭　　李来章

夙名棠梨墩，初入马箭路。

长鼓手双挝，雀跃多态度。

髻插白鹇毛，野歌群叫呼。

瑶仔远来迎，五彩绣褐裋。

其貌多秀雅，或颇知礼数。

奈何不早诲，灵府⑧日蔽锢⑨。

长乃成梗顽⑩，实为父兄误。

---

① 抚膺：fǔyīng，抚摸或捶拍胸口，表示惋惜、哀叹、悲愤等。

② 谕讽：也作"讽喻"。用委婉的言语进行劝说。

③ 豁除：huōchú，免除。

④ 雏凤：指凤的幼鸟，比喻有才干的子弟或年青人。

⑤ 侮弄：wǔnòng，轻慢并加以戏弄或欺负。

⑥ 雾凇：天气寒冷时，水蒸气凝聚在物体或地面上所形成的白色冰晶。

⑦ 引领：即引领而望，指伸长脖子远望。形容殷切盼望。

⑧ 灵府：在古代神话中，苍帝之庙称灵府。住宅的美称也是灵府。

⑨ 蔽锢：bìgù，掩盖，隐匿。

⑩ 梗顽：gěngwán，意指顽固。

予来阐圣言，字字详训诂①。

更为起讲堂，函丈②延师傅。

闻此意欣然，百拜不肯住。

言下能如斯，似已稍开悟。

宿军寮　　　李来章

马箭逾叠嶂，双旌上军寮。

缘岭遵曲涧，藤刺乱长条。

俯下复仰陟，山势郁岧峣③。

石门称奇险，青苍摩云霄。

石刻字仍存，岁月未云遥。

老者多卉服④，头颅缠红绡⑤。

少者白羽髻，耳环映垂髫⑥。

纸幡⑦类凶丧，犀甲⑧舞剑标。

急为扬皇风，明诚戢狷（挑）［佻］⑨。

讲肆坐名儒，诗书气薰陶。

长言迫斜影，暮气来山椒。

鼓角余清响，漏声同丽谯⑩。

凌晨冒白雾，还复走空寥⑪。

童翁恋难舍，远送手还招。

---

① 训诂：对字句作解释。也指对古书字句所作的解释。

② 函丈：亦作"函杖"。对前辈学者或老师的敬称。

③ 岧峣：tiáoyáo，指山势的高耸险峻。

④ 卉服：常用于比喻服饰的高贵和华丽。

⑤ 红绡：hóngxiāo，红色薄绸。

⑥ 垂髫：chuítiáo，古时儿童不束发，头发下垂，因以垂髫指儿童。

⑦ 纸幡：zhǐfān，亦作"纸引"。用纸制作的招魂幡。旧时丧家用纸作旗幡，上书死者名讳及生卒年月日，谓之招魂幡。

⑧ 犀甲：xījiǎ，指犀牛皮制的铠甲。借指军队。

⑨ 狷佻：狷，胸襟狭窄，性情急躁。轻佻，不庄重。

⑩ 丽谯：lìqiáo，华丽的高楼。

⑪ 空寥：寥，liáo，空谷，空。形容一个地方空无一物。

憩里八峒　　李来章

辰至里八峒，从者皆苦饥。

环诉少供应，枵腹难自持。

含笑出囊金，买米煮粥糜。

此实非伊罪，昨予有告辞。

不烦馈豕肩，不劳费酒巵①。

诸瑶多诚朴，相信乃深知。

瑶闻三叹息，使君廉且慈。

愿言遵明诲，遣子从名师。

茶罢复启行，牵衣去每迟。

再拜陈所愿，相邀过庙祠。

至火烧坪　　李来章

亭午度前岭，又指火烧坪。

男女夹磴道，金鼓相间鸣。

自媒值此日，六礼何曾行。

长戟②挂裙襦，红黄烂纵横。

男以富相炫，女以巧相矜。

如狂不可药，谁使陋俗更。

矻矻不遑息，所赖有干城。

纶綍③悬日月，魍魉④自潜形。

扬言再拜手，一唱宿雾清。

---

① 酒巵：jiǔzhī，盛酒的器皿。

② 长戟：戟，jǐ，古代兵器名。意为长柄的戟。

③ 纶綍：lúnfú，皇帝诏令、诏书。《礼记·缁衣》云："王言如丝，其出如纶；王言如纶，其出如綍。"

④ 魍魉：wǎngliǎng，古代传说中的山川精怪。一说为疫神。

上大掌岭　　李来章

径由虎叉塘，路出庙岭背。

山头石峥嵘，林薄厌芜秽。

难以数里论，迂曲芒鞋碎。

昔人非不来，险恶实难耐。

往岁拒官兵，磊砢①石门在。

无缘至城市，与人益隔阂。

闻说官长至，侦伺劳盻睐②。

譬如鸟兽群，惊闻人謦欬③。

此日独不然，酒浆首自戴。

挝鼓④来相迎，颇复知敬爱。

殷勤宣圣谟⑤，文明开草昧。

拜述九重心，次第施恩赉⑥。

从此饫师训，能作韦弦佩⑦。

倨傲往时风，不诚应自悔。

由深冲出鸡鹿　　李来章

深冲至杉木，屈盘并涧川。

大鳅何雄杰，相接如比肩。

十围多古木，凌霜缘叶鲜。

亏蔽隐日轮，终岁不见天。

---

① 磊砢：lěiluǒ，也作"磊坷""磥砢"。指众多堆积的石头。

② 盻睐：xìlài，观看。

③ 謦欬：qǐngkài，轻轻咳嗽。借指谈笑。

④ 挝鼓：zhuāgǔ，击鼓。

⑤ 圣谟：犹圣训、圣旨。《尚书·伊训》云："圣谟洋洋，嘉言孔彰。"本意为圣人治天下的宏图大略，后用于称颂帝王谋略之词。

⑥ 恩赉：恩赐。

⑦ 韦弦佩：古人以佩戴韦（皮绳）或弦（弓弦）作为缓或急的象征以自警。《韩非子》卷八《观行》云："西门豹之性急，故佩韦以自缓；董安于之心缓，故佩弦以自急。"

炮声振林莽，交横飞流泉。

连珠坠霹雳，半空腾紫烟。

攀援白汗濡，足胝与手胼。

一线出鸡鹿，山势乃豁然。

竹鸡凹　　李来章

土名竹鸡凹，无复竹鸡鸣。

龙水绕千折，但闻呜咽声。

遥望龙水尾　瑶人所居　　李来章

十七小排瑶，一为龙水尾。

龙水出源泉，层折数有几。

遥望白练飘，奔腾如惊虺①。

隐隐露窠巢，相聚如虮蚁。

往多弄剑戈，近亦贡筐筐。

欲化为善良，劝谕劳亹亹②。

何时礼乐兴，君子待有斐。

由枫村至梅峒亲验圹口　　李来章

枫村趁早晨，南登鲍鱼岭。

白雾渐消释，东山见日影。

毒棘罥③衣裳，恶藤拂项领。

仰陟可摘星，俯降如坠井。

良久至梅村，平田耒堪秉。

不独种粳稻，亦可艺麦䵂④。

贪夫惟狗利，昌禁图侥幸。

---

① 虺：huǐ，传说为一种毒蛇。

② 亹亹：wěiwěi，勤勉不倦。

③ 罥：juàn，悬挂。

④ 䵂：kuàng，大麦；麦麸。

纠众公开凿，百劝梦不醒。

岂惮蚕丛险，亲临梅峒境。

明日告宪司，莫嫌政理猛。

宿梅村夜闻角声　　　李来章

群山猿啸歇，孤村画角清。

茅舍眠木榻，客梦还自惊。

谬当百里寄，惜无千夫兵。

廉洁为利器，诗书是坚城。

浊水誓不沾，孤掌还欲鸣。

徘徊莫自叹，盘错见生平。

粟塘墟操练乡兵　　　李来章

农隙宜治兵，时安不废武。

桑土先绸缪，小丑莫敢侮。

连邑诸瑶丛，大排居其五。

十七名小排，丁口以万数。

目前怖皇威，循循守规矩。

鹰化憎其眼，还劳舞干羽①。

文德驯野性，勇略防伏莽。

远虑不敢忘，乘冬结队伍。

周礼司马法，相传自中古。

兵意本寓农，似更宜兹土。

遥遥历一旬，山唇与水浒。

戎事当共勉，予添司金鼓。

---

① 干羽：古代舞者所执的舞具。文舞执羽，武舞执干。舞干羽，即是歌舞的仪式活动，向民众宣扬礼乐教化。

龙头泷　　李来章

水流夹两涧，合为龙头泷。

巨石当其咽，激薄响淙淙。

数武萦回渡，舆夫踏石矼。

人烟何寂寂，山鸟去双双。

问道听乡语，绵蛮杂且庞。

谷蒲虽同执，自笑不成邦。

粟塘馆黄生家有赠　　李来章

君实产南海，移家来居此。

自言岁月多，阅历将半纪①。

负山面环溪，白石何齿齿。

鱼塘势空阔，竹木色清美。

穷年不远役，日每课耘耔。

似已近幽人，何妨邻墟市。

家更有难弟，勇如卞庄子。

椎虎南山曲，略如豚彘比。

筋骨持赠人，豪气殊堪喜。

相与乐天伦，高风动闾里②。

菜根亭记　　李来章

菜根亭者，予西圃中灌蔬憩息之所也。连山荒陋，食物皆缺。每月二七之期，太保有墟，俟漏刻过辰，已瘴雾渐收，民瑶始稍稍来集，所携惟米、盐、茶、油，试觅（粥）［鬻］园（疏）［蔬］者，无有也。予窃自笑，拓落一官，匪但食无肉，亦复不知菜味。左氏尝诮居位者以为鄙，而

① 半纪：古代纪年十二年为一纪，半纪就是六年。

② 闾里：lǘ lǐ，古代城镇中有围墙的住宅区。借指平民，邻居。

今而后，予庶可以免矣。逾数月，政稍暇，欲规辟园圃，佐鼎俎①。询于土著者，咸谓“地不宜（疏）［蔬］，前人有为之者，搰搰②然费力多而奏功少，率无裨益。”

予窃计之，人无不材，教无不成；地无不产，蔬无不生，殊不以土人之言为然也。自行案视得荒山一片于西郊大塘之上，编竹为藩，缉柴为户，高仅及肩，期御牛羊之入而已。公事毕，辄率僮隶③三四人，耘耨灌溉于其中，倦则籍草而息体，持盖以蔽日，有相从而谈者，坐立于陇畦沟塍之间。野兴虽长，势难久住，或风雨乘之，栖避无所，众稍厌之，即予亦以为弗便也。乃谋结茅为屋，招园丁居之，复构亭一间，敞其三面，颜曰“菜根亭”。

自是蔬芽渐茁，可充庖厨。客来相聚，得卒高论，乘兴往来，晨夕无间。予殊安之，不复知身之在荒徼蛮疆间也。客或有怜予寂寞，过草亭而相唁者。予曰：“子意良厚，顾吾思之，有可以自解者。兹邑苦瑶害久矣，往时操药弩，持火器，咆哮于城阛之外。尝一日相距山梁，官兵不能御，势且瓦解。老将杨高率樵丁九人，乘虚捣之，瑶始退。［清康熙］四十一年（1702 年），溃殷提督之师，戕林副戎于里八峒。久之，禁旅远临，始俯首就抚。回忆斯地，固兕甲金戈，战争之场也。今吾与子密迩排瑶，不闻风鹤之警，科头散襟，得荷耡④抱瓮，逍遥于园圃之间。荷朝廷之威德，际风（日）［月］之清，和升平之乐，身亲与之，非吾人之深幸乎！亦复何憾！且老氏知足⑤之旨，予闻之久矣。子固当相贺，唁无庸也。”客曰：“公言虽迂，然与园蔬之味，均为淡而且旨，是不可不存之，以告于后。”予曰：“然。”遂记之。

游香花坳记　　李来章

连山僻壤，山多拥肿，无巉巄之峰；水多冲激，无潺湲之音。草棘蓊

---

① 鼎俎：dǐngzǔ，鼎和俎是古代祭祀、聚宴时放置祭品或食物的礼器。此处泛指烹饪的用具。

② 搰搰：kūkū，用力的样子。

③ 僮隶：奴仆。

④ 耡：通“锄”，锄头。用作松土、除草等的农具。

⑤ 老氏知足：又作“老子知足”。春秋时期道家学派创始人老子，在其著《道德经》中多次论述“知足”，强调人若没有过多的需求，就能时常觉得满足。

蔚，瘴雾迷漫，旅客栖迟如坠眢井①中，求其可以资游览娱怀抱者，无有也。[清] 康熙四十四年（1705 年）四月初三日，予操练乡兵于太保墟。既毕事，坐客有告以香花坳者，曰："兹地颇奇，盍一施谢公之屐②?"予领之。

午炊毕，减从者，肩舆而西渡石槽水。峻岭当面，伛偻登陟，并山凿径，狭者一线，若昔人所谓鸦路者然。予亦舍舆而步，历数折，有风起，林木间清芬扑鼻。从者曰："此坳中木（檽）[榠] 香也。"至则四面隆起，中坦平若堂坳，方广可五丈许。桂树数十株，绿叶郁然，花放时，香闻数里。俯视岭脚，颇有村舍稻塍盈目，纵横若绣。予乃藉草而坐，出所携酒与客饮之，杯行无算，日已衔山将别去。起立四顾，其西有径，蛇折盘回，峦嶂层叠，时明时灭。从者曰："此走长冈道也，登顿上下，可六里余，逾岭为禾村，通湖南江华之锦田。"

予闻往时矿贼之入，瑶人之出，势必经长岗。讵意香花坳与之密迩，势相联缀乎。防御之策，盍绸缪于未雨。越明日，于黑山脚，牌委练总操演乡兵，昼夜巡逻。其后屡获奸诡，匪类绝踪，民赖以安，皆缘起于斯游。黑山脚者，长岗岭附近隘口也。是日同行者，城守千总朱君亚贵、典史许君德辉、太学生萧君泮桃，今追述之。为康熙四十七年（1708 年）岁次戊子三月三日，邑令李来章记。

连毙三虎记　　李来章

连山西通江华，与湖南接壤，江华有山名曰"芙蓉"，峰峦峻峭，岩谷深邃，人不敢入，虎豹群处其中，时时逸出，为邻邑害。

予莅任之始，父老来告曰："禾村频遭虎害，三四年来被噬者，凡七八十余人矣。行旅贾客不与焉。"予谓父老："盍急捕?"诸父老言："爪牙之利，人莫能御也。且楚粤之俗，崇奉于菟③以为神，恐一犯之，其为祸祟将益甚，是以不敢。"予曰："蠢尔山虫亦何能为？能除田豕，则祭于蜡；

---

① 眢井：yuānjǐng，废弃而干涸的井。
② 谢公之屐：又作"谢公屐"。南朝宋诗人谢灵运游山所穿的活齿木鞋，鞋底前后安有两个木齿，上山去前齿，下山去后齿，便于走山路。
③ 于菟：yútú，老虎的别称。《左传·宣公四年》云："楚人谓乳，穀；谓虎，于菟。"

若残生灵则毙于刃。此固国法，亦天道也。譬之于瑶，顽梗久矣，不肃以法，恐浩荡之恩亦无所施也。"乃部署乡丁，操演火器，防守险要，期剪荡而后止。又为牒文，焚告城隍之神。大略谓："令与神共事一方，期安残黎。若虎患不除，靦颜①于上，岂独令之罪，亦以神之羞，盍遣六丁②助我兵于冥冥？"

一日，县隶蒙贵往樵于山，虎乘之攫其右肱而踞于地。众闻，竞逐之。虎弗走旷野，仓卒间，排柴扉而入于西郊之空室。既入，扉自合，咆哮不得出。众共鸣炮毙之，扛于县堂。命吏度之，长七八尺余，斑斓遍体，巍然巨物也。越十数日，又连毙其二。有识之者曰："兹三虎也，称山君之巨擘，矫健异常，莫可向迩。兹乃以乡丁除之，若歼犬羊，然我公之绩洵异已。"予曰："此神力也，予何敢贪？"刑牲③酾酒④，设于城隍之殿宇，率寮吏再拜以酬焉。自是芙蓉山之虎弗敢出，民患遂息，往来者皆以禾村为乐郊也。

既数月，三江峒防瑶总司胡姓者过署而请曰："虎频入汛，兵弗能御，将求树木栅，集民壮以为之守。"三江峒近广西，实走怀集之要道也。予笑曰："公言不诬，设兵卫民，昔人之论，抑何谬耶。"因出皋比⑤三张以示之，且告之曰："驱市人可以杀贼，练乡丁可以擒虎，兵不在众，顾方略何如耳。若汛中盈百之健儿，月糜司农无限金钱，嗔目语难，短后曼胡亦何为者，而顾畏虎如贼乃如是耶？殆非夫矣。"胡惭而退，因并记之，将以发后来之一笑。时［清］康熙四十三年（1704 年）冬十一月。

青龙头文昌阁记　　李来章

由连州东出三十里，有地名青龙头，村落生聚，几八九十家。中有文昌阁，坐西北向东南，后依昆湖，前面金溪，西眺高峰，东踞石角，此其大概也。阁之左侧为书室，右为小村金坑，水由阁前而过，汇为鱼池。先

① 靦颜：miǎnyán，厚着脸面。
② 六丁：道教认为六丁（丁卯、丁巳、丁未、丁酉、丁亥、丁丑）为阴神，为天帝所役使。
③ 刑牲：古时为了祭祀或盟约而杀牲畜。
④ 酾酒：shāijiǔ，滤酒，斟酒，疏导，分流。
⑤ 皋比：即虎皮。

是金坑水发源于昆湖。昆湖者，大雾山前之巨浸也。山发脉于九疑，一名天际岭。背曰大雾，面曰昆湖①，其实一山也。湖阔百余里，受洋子、扶灵二冲之水，兼以山坳出泉，渐沏成池，春夏之交一望无际，故以湖名也。湖水东出为金坑，水因名曰金溪。历青龙头、长岗峒，至石角，注大龙水，入于（湼）[湟]川②。阁据金溪，挹昆湖之烟岚雾雨，其形势为特胜。阁创于明万历年间，重修于［清］康熙戊子（四十七年，1708年），中祀梓潼帝君③，附以汉前将军河东关侯，粤俗所称为文、武二帝者也。

予因谂于众曰："子之崇奉二公也，将以为生人之标准典型耶？抑徒谄媚祷祝，以祈福泽利益耶？二公平生之行实，具于史籍间，出于稗官，大约孝友廉洁，为当时之忠臣义士。正人君子迨于身乘箕尾④，浩气长存，灵爽赫濯⑤，遂为明神，固其理之昭然不诬者。要非如释道之说，暨粤俗之好机祥⑥、安台、鸡卜⑦，崇祀百魂，渺茫荒唐，肆为怪诞者也。"

青龙头亦隶沙坊，沙坊旧属连州，明（天顺）[万历]⑧间，割其半以隶连山，则青龙头实为连山之密迩邻壤也。村有彭生名树经者，为连山学官弟子员，为人诚悫⑨端方，颇与俗异。于阁之成也，数持刺来，求予记。予嘉其意，因述正论以告之，使知山水奥区，淑气磅礴，神灵栖息，报答如响。诚能如予说，以崇奉二公。虽无所祈祷，而福泽利益自鼎来而川至矣，奚必如越人勇之之妄求为哉？是为记。

连州新城关圣帝火神马明王合祠碑记　　李来章

　　［清］康熙四十一年壬午（1702年），皇上以八排就抚，从大吏之请，

---

① 背曰大雾，面曰昆湖：指背面太保方向称大雾山，正面连州方向称昆湖山。
② 湟川：位于连州市境内，是珠江流域北江水系的主要支流。西汉武帝时，遣伏波将军路博德等率军由桂阳下湟川，最终平定了南越国之乱。从此，湟川英名远扬，历代文人骚客多对之咏叹。
③ 梓潼帝君：宋代以后参加科举士子顶礼膜拜的神灵，专司功名仕进之神，又名"文昌君"。
④ 箕尾：星名。箕星与尾星。两宿相接，属东方七宿。指死亡游仙。
⑤ 赫濯：hèzhuó，威严显赫的样子。
⑥ 机祥：指吉凶之事。《淮南子·祀论训》云："是故因鬼神机祥，而为之立禁。"
⑦ 鸡卜：古代占卜法之一。以鸡骨或鸡卵占吉凶祸福。《史记·孝武本纪》云："乃令越巫立越祝祠，安台无坛，亦祠天神上帝百鬼，而以鸡卜。"
⑧ 据本书卷一《地舆志·村落》改。
⑨ 诚悫：chéngquè，诚朴，真诚。

移三江协镇弁兵于连阳，以资弹压，特建城寨以处之，绸缪桑土为地方计者，深远且详悉矣。然因循玩愒①，坐废时日，城寨荒凉，仍多茂草，官侨寓于州之馆署，兵散处于州之坊厢②，什伍器械尚置缺如，又安望其整饰祠宇，崇奉香火，妥灵爽之栖止，以集无穷之景福也？

四十六年丁亥（1707 年），协镇江西凯伯曹公始自连州移居于新城。越明年戊子（1708 年），凯伯陛见北行制府赵大司马，檄陕西君宠谢公来署协事。公至目击时艰，力为厘剔，核侵蚀，实队伍，惩游惰，勤训练，壁垒改观，旌旗变色。油岭、行祥、横坑三排之隶于连州者，始不敢横肆猖獗如前日，疮痍之民自此庆更生，获安枕席矣。

公（姓）[性]勤敏，深以向日之偷安为非，督率营缮栋宇，完备妻孥聚处，士卒无伉俪③之叹。又念戎事之大曰马政，曰火器，冥漠之中皆有神明以司之。汉前将军河东关侯，生服陆浑群盗，没为蛮貊所尊亲，实三军之司命，皆不可不（洁）[竭]诚④崇奉，以祈默佑。爰于署左创建祠宇，合而祀之。既讫工，同都阃⑤兆瑞李公联骑西来，顾予于连山荒署，属以一言记其颠末。

予于四十三年（1704 年）七月抵连山受县事，迄今将五载于兹矣。于民俗瑶情知之颇悉，瑶排凡八，隶于连州者三，隶于连山者五。四十一年之变，实起于连山之里八峒，一唱百和，覆军杀将，如火燎原，莫可向迩⑥。赖天兵南下，始相率投诚，然兽面颇革，鹰眼未化，惩创安辑，斟酌之间，颇费苦心。

予尝于鸡鸣关口创建关侯祠，刻与瑶誓神之祠于贞珉，约不取锱铢。又于县城西郭大塘之上创建连山书院，集民瑶之子弟，而亲教之。夙兴夜寐，终日矻矻，誓竭绵力，不敢稍自暇逸。今幸获与公周旋，同心协力，

① 玩愒：旷废时日。
② 坊厢：fāngxiāng，古代城市区划，城中曰坊，近城曰厢。因以"坊厢"泛指市街。
③ 伉俪：pǐlí，也作"仳离"，夫妻离散，特指妻子被遗弃而去。
④ 竭诚：jiéchéng，一心一意。
⑤ 都阃：dūkǔn，指统兵在外的将帅。
⑥ 莫可向迩：不可靠近。

相须如左右手，埙鸣篪应①，莫可言喻。兹睹盛事，窃以所见相合，欣然于中，久欲为之操觚。况又重以公命，独念公体貌魁梧，勇力卓荦②，每出门辄（衷）［裹］绵甲③，十石之弓能左右持满，发必命中，于武事伟矣。而予于笔墨之后，精力疲苶④，学殖⑤荒落，如强弩之末不能穿鲁缟⑥。因记文脱稿，默然为之，自愧者久之，是为记。

连阳八排风记序　　李来章

古人于车辙马踪或屐齿所至，无不纪其风土，志其诡秘，以为可以广异闻而拓奇观。若浯溪吴青坛所辑《说铃》，网罗诸家篇帙最富，可谓彬彬大观矣。然皆洞天福地、名山大川，鬼神之所潜藏，蛟龙之所蟠结，丹砂翠羽之所出，名贤奇士之所游寓。故可以杖楮墨而成，撰述奇踪异事，神光怪彩，（联）［连］篇累牍，烂然在目，其足以流传后世，芬芳艺苑，无疑矣。

若八排之瑶，连州居其三，若予所治之连山，则居其五，其余小排更有十七，言语侏㒧⑦，食饮腥秽，形貌虽人，实与禽兽无异，其间所称风土，又何足纪述载于简册，更以彰其丑而扬其陋耶？虽然有说焉，瑶性犷悍，抚驭最难，得其心则摇尾而向化，逆其意则张吻而走险。向来之措施臧否，即此日之蓍龟⑧明鉴，宁可听其放佚，使灭没而不传耶？虽后之莅斯土者，不乏聪明雄伟之才过予十倍。然于往事旧踪，或治或乱，或得或失，尽归荒昧，无所考镜，其于从政也，盖亦难矣。

予故于簿书之暇，访问父老，略为诠次，命人缮写，存其梗概，辑为卷帙凡十，名曰《连阳八排风土记》。虽鄙俚无文，不免于大方之轩处，而

① 埙鸣篪应：xūnmíng-chíyìng，也作"埙唱篪应"。埙，土制乐器，形如鸡蛋，六孔；篪，竹管乐器，八孔。比喻兄弟和睦。
② 卓荦：zhuóluò，超绝出众。
③ 绵甲：清代军校所穿的绵制护身铠甲。白缎面，蓝绸里，中衬丝绵，外布黄铜钉。上衣下裳，左右袖、护肩、护腋、前裆、左裆俱全。
④ 苶：nié，疲倦，精神不振。
⑤ 学殖：指学业、学问。
⑥ 鲁缟：lǔgǎo，古代鲁地出产的一种白色生绢，以薄细著称。
⑦ 侏㒧：也作"侏离"，形容方言、少数民族或外国的语言文字怪异，难以理解。
⑧ 蓍龟：shīguī，古人以蓍草与龟甲占卜凶吉，因以指占卜。引申为借鉴。

后之履顺处变，有事于兹土者，亦或足以取征，是亦拙吏之刍荛①也。时［清］康熙四十七年（1708年）岁次戊子冬十月朔旦。

连州长空纪行　　李来章

九月十五日，予奉宪檄，有亲勘长空之后，于十六日，由县抵连州；十七日，同连州所千总靳琪出济川门，渡（湟）［湟］江，州守熙宁王公携茶送予，于岸南行二里至瓦窑岗，又四里至飞鹅营，又三里至东井，一望皆黄茅、白苇，景象萧条。国家升平迄今已五六十年矣，而犹如此，益叹生聚长养之难也。又二里至陈公庙，又二里至大垒，又一里至相思渊，地有村落，野老闻官府至，献茶于道左。是时收获甫毕，翁童妇女曝茶子、晒稻谷于场圃中，意殊欣然，予不禁有故山之思。又二里至火烧庙，有营汛。又三里至鸡距冲，傍有神庙、老树，凌云干汉，势甚奇伟，盖百余年物也。又一里至黄牛带，溪水环流，石桥控锁，野趣盎然，殆非人间境也。又四里至三角田，石堆埇荤，如囷如坻②累累然，路甚偪仄③，不可以舆。又八里至石塘，塘全石为底，达于两崖，清泉循渠灌之，由高而卑。人家傍塘而居，瓦屋柴门，影落溪水。中过塘并溪而上，林木畅茂，清风徐来，心甚乐之。

下筍舆，濯手浣巾，稍憩树下，徘徊不能去。又二里至西岗，穿狭径，上东茫岭，良久始陟其颠。又十三里至东芒汛，戍兵寥落，如养济院耳，云以御瑶殊无益也。戍儿多连山惰民，以予为其令长，相率罗拜。过午炊即行，又十二里至城头冲，时已抵夜，荻苇没人，趁月而行，几堕坑堑。又五里至马槽屯，漏下已二更矣。屯有营汛，徒闭栅高卧，门外客行，不谁何也。十八日，候阳山地方官；十九日，典史孟学思至，早赴长空，同众踏勘。耕者皆屯丁，实连州所地也。

二十日，由马槽屯北归，七里至杨柳陂。陂水发源阳山长岗岭，下注同冠，入于（湟）［湟］江，过水，行马鞍山下。又六里至鸭仔田，田地

---

① 刍荛：chúráo，割草打柴之人。此处指浅陋见解。多作自谦之辞。

② 如囷如坻：囷是古代一种圆形的粮仓；坻指水中的小洲或高地。比喻石头多，又堆积得像粮仓一样高。

③ 偪仄：bīzè，也作"偪侧"，迫近，狭窄。

旷坦，依山临水，茶花约万株余，人家瓦屋鳞次，园中竹箭凌霄，大有江浙风景，殊不类粤东地也。又八里至回龙，又五里登小风门凹，怪石欲坠，一窦通行，坡陀逶迤，下抵深壑。复上有营汛，茅屋木栅，依傍古树，地处要险，万不可无戍置之宜也。再上约三里许至大风门凹，路穿茂草，寂历无人，瑶寇往往御人①于此，行者视为畏途，平时亦罕至焉。下凹四里至蕨江，觅村舍，举午炊。又三里至岗上寨，又七里至黄牛带，与来时路口合，傍晚至州城。是行也。凡得诗二十首，见《别集》，兹不赘录云。

连山县东出鸡鸣关纪程　李来章

出连山县东门，过石桥约数十武②，为观音阁。上叶水劈面来注之，由阁转而东，并长迳山，因名长迳水，萦纡曲折③。至鸡鸣关，入于镂水，下合（湟）[湟]江。一里至塔脚，塔处长迳山椒，盖县治之文峰也，其下文庙在焉。

按夏瑜《记》云："长迳山周二十里，山势中断若蜂腰，然有迳路，连民出入由此，即塔脚截山旧路也。"今则并山麓东出，孔令韶文实始开凿，其功伟矣。

又一里至浸米渊，又里余至牛唇带，有桥，长迳水经其下。又里余至龟峒冲，一名鸡洞冲，有桥，水自仙人石来，下注长迳水。又一里至香花迳、牛唇带。香花迳二处，迳路石断，每以木续之，若栈道然，称最险云。又四里至白沙营，营处其左，民居其右，有塘铺④。前此荆榛弥望，无人居，招徕措置，实起于予。又二里至靛缸瓮，又二里至时茂亭，又一里至台子阁，石径险仄，高者难于行，卑者为暴涨所摧，屡修屡圮。思维无良图⑤，在司牧者时时料理之耳。又二里至石碗，又一里至挣腰石，石状圆隋，顽坚如铁，行旅以为苦，欲除之，未能也。又一里至梅子冲，又一里

---

① 御人：制驭他人。

② 武：量词。古代六尺为步，半步为武，泛指脚步。

③ 萦纡曲折：yíngyū-qūzhé，比喻像农田中蜿蜒曲折的小河。

④ 塘铺：古时专备传送文报的军事驿站。比汛小曰塘，比塘小曰铺，设有专门的士兵，用来传送文报、巡更查夜。

⑤ 良图：很好地谋划，好办法。

至新营脚，即旧天梯营，奈遗址不可寻，今草创置戍焉。又一里至大培地，又一里至吃水冲，又一里至大折，又一里至旱冲，又二里至小折。二折下临深涧，铲石为迳，仅通人行，冻雨冲崩，尤须时加整饬。又二里至岭岐，又一里至仙姑岩，一名猪婆凳，有石泓泉水湛然①，关庙僧人时来汲，此以供行旅。又一里至鸡鸣关，连山境尽矣。先是自县抵关，一路萧瑟，多虎啸，无炊烟。至此，始闻鸡鸣，故名。计程三十里云。

予于关口为建汉将军关侯祠，筑茶亭，又捐十金立山巅营房，置戍守，今则行旅夜宿，高枕无恐矣。

---

① 湛然：指水深，清澈的意思。